大夏书系·成尚荣教育文丛

核心素养的
中国表达

成尚荣 著

上海市著名商标

ECNUP

华东师范大学出版社
全国百佳图书出版单位

目录 CONTENTS

第二辑 核心素养，教育家告诉我们

第三辑 向上飞扬、向下沉潜

第四辑　请学会改变

在更大的坐标上讲述自己的故事

曾经犹豫很久，不知丛书的自序究竟说些什么，从哪里说起，怎么说。后来，我想到，丛书是对自己人生的第一次小结，而人生好比是个坐标，人生的经历以及小结其实是在坐标上讲述自己的故事。于是自序就定下了这个题目。

与此同时，我又想到故事总是一节一节的，一段一段的，可以分开读，也可以整体地去读。因此，用"一、二、三……"的方式来表达，表达人生的感悟。

一、尚可：对自己发展状态的认知

我的名字是"尚荣"二字。曾记得，原来写的是"上荣"，不知何人、何时，也不知何因改成"尚荣"了。那时，家里人没什么文化，我们又小，改为"尚荣"绝对没有什么文化的考量，但定有些什么不知所云的考虑。

我一直认为"尚荣"这名字很露，不含蓄，也很俗，不喜欢，很不喜欢。不过，现在想想，"尚荣"要比"上荣"好多了，谦逊多了，也好看一点。我对"尚荣"的解读是"尚可",其含义是,一定要处在"尚可"的认知状态,然后才争取从尚可走向尚荣的理想状态。

这当然是一种自我暗示和要求。我认为,人不能喧闹,不能作秀,更不能炫耀(何况还没有任何可以炫耀的资本)。但人不能没有精神,不能没有思想,我一直要求自己做一个有追求的人,做一个精神灿烂的人。正是"尚可""尚荣"架构起我人生的坐标。尚可,永远使我有种觉醒和警惕,无论有什么进步、成绩,只是"尚可"而已;尚荣,永远有一种想象和追求,无论有什么进展、作为,只不过是"尚荣"而已。这一发展坐标,也许是冥冥之中人生与我的约定以及对我的承诺。我相信名字的积极暗示意义。

二、走这么久了,才知道现在才是开始

我是一只起飞很迟的鸟,不敢说"傍晚起飞的猫头鹰",也不愿说"夕阳无限好,只是近黄昏"。说起飞很迟,是因为 61 岁退休后才安下心来,真正地读一点书,写一点小东西,在读书和写作中,生发出一点想法,然后把这些想法整理出来,出几本书,称作"文丛"。在整理书稿时,突然之间有了一点领悟。

第一点领悟:年龄不是问题,走了那么久,才知道,原来现在才是开始。人生坐标上的那个起点,其实是不确定的,任何一个点都可以成为起点;起点也不是固定的某一个,而是一个个起点串联起发展的一条曲线。花甲之年之后,我才开始明晰,又一个起点开始了,真正的起点开始了。这个点,就是退休时,我在心里默默地说的:我不能太落后。因为退休了,不在岗了,人一般会落后,但不能太落后。不能太落后,就必须把过去的办公桌,换成今天家里的那张书桌,书桌告诉我,走了那么久,坐在书桌前,才正是开始。所以,年龄真的不是问题,起点是自己把握的。

第二点领悟:人生是一首回旋曲,总是要回到童年这一人生根据地去。小时候,我的功课学得不错,作文尤其好。那时,我有一个巴望:巴望老师早点发作文本。因为发作文本之前,总是读一些好作文,我的作文常常被老

师当作范文；也常听说，隔壁班的老师也拿我的作文去读。每当那个激动人心的时刻来临，我会想入非非：总有一天要把作文登在报刊上，尤其是一定要在《新华日报》上刊登一篇文章。童年的憧憬和想象是种潜在的力量。一个人童年时代有没有一点想入非非，今后的发展还是不同的。和过去的学生聚会，他们也逐渐退休了，有的也快70岁了。每每回忆小学生活，总忆起那时候我读他们的作文。文丛出了，我似乎又回到了自己的童年时代。童年，那是我人生的根据地；人总是在回旋中建构自己的历史，建构自己的坐标，总得为自己鸣唱一曲。

第三点领悟：人的发展既可以规划又不能规划，最好的发展是让自己"非连续发展"。最近我很关注德国教育人类学家博尔诺夫的"非连续"教育理论。博尔诺夫说，人是可以塑造的，但塑造的观点即连续性教育理论是不完整的，应当作重要调整和修正，而非连续性教育倒是对人的发展具有根本的意义。我以为，非连续性教育可以迁移到人的非连续性发展上。所谓非连续性发展，是要淡化目的、淡化规划，是非功利的、非刻意的。我的人生好像用得上非连续发展理论。如果你功利、浮躁、刻意，会让你产生"目的性颤抖"。人的发展应自然一点，"随意"一点，对学生的教育亦应如此，最好能让他们跳出教育的设计，也让名师的发展跳开一点。只有"尚可"，才会在不满足感中再向前跨一点。

三、坐标上的原点：追寻和追赶

文丛实质上是我的一次回望，回望自己人生发展的大概图景，回望自己的坐标，在坐标上讲述自己的故事。回望不是目的，找到那个点才最为重要。我要寻找的是那个坐标上的原点，它是核心，是源泉，是出发点，也是回归点。找到原点，才能架构人生发展的坐标，才会有真故事可讲。

那个点是什么呢？它在哪里呢？

它在对人生意义的追寻中。我一直坚信这样的哲学判断：人是意义的创造者，但人也可以是意义的破坏者。我当然要做意义的创造者。问题是何为意义。我认定的意义是人生的价值，既是个人存在和发展的价值，也是对他人对教育对社会产生的一点影响。而意义有不同的深度，价值也有不同的高度。值得注意的是，人生没有统一的深度和高度，也没有统一的进度和速度，全在自己努力，不管从什么时候开始，你努力了，达到自己的高度才重要，把握自己的进度才合适。而所谓的努力，对我来说就是两个字：追赶。因为我的起点低，基础薄弱，非"补课"不可，非追赶不可。其实，追赶不仅是态度，它本身就是一种意义。

我追赶青春的步伐。路上行走，我常常不自觉地追赶年轻人的脚步，从步幅到步频。开始几分钟，能和年轻人保持一致，慢慢地赶不上了。过了几分钟，我又找年轻人作对象，去追赶他们的脚步，慢慢地，又落后了。追赶不上，我不遗憾，因为我的价值在于追求。这样做，只是对自己的要求，是想回到青年时代去，想再做一回年轻人，也是向年轻人学习，是向青春致敬的一种方式。有了青春的步伐，青春的心态，才会有青春的书写。

我追赶童心。我曾不止一次地引用作家陈祖芬的话：人总是要长大的，但眼睛不能长大；人总是要变老的，但心不能变老。不长大的眼是童眼，不老的心是童心。童心是可以超越年龄的，只要有童心，就会有童年，就会有创造。我自以为自己有颗不老的童心，喜欢和孩子说话，喜欢和年轻人对话，喜欢看绘本，喜欢想象，喜欢天上云彩的千变万化，看到窗前的树叶飘零了，我会有点伤感。追赶童心，让我有时激动不已。

我追赶时代的潮流。我不追求时尚，但是我不反对时尚，而且关注时尚。同时，我更关注时代的潮流，课程的，教学的，教育的，儿童的，教师的；经济的，科技的，社会的，哲学的，文化的。有人请我推荐一本杂志，我毫不犹豫地推荐《新华文摘》，因为它的综合性，让我捕捉到学术发展的前沿信息。每天我要读好几种报纸，报纸以最快的速度传递时代的信息，我会从中触摸时代的走向和潮流。读报并非消遣，而是让其中一则消息触动我的神经。

所有的追赶，都是在寻觅人生的意义。人生坐标，当是意义坐标。意义坐标，让我不要太落后，让我这只迟飞的鸟在夕阳晚霞中飞翔，至于它落在哪个枝头，都无所谓。迟飞，并不意味着飞不高飞不远，只要是有意义的飞翔，都是自己世界中的高度和速度。

四、大胸怀：发展的坐标要大些

人生的坐标，其实是发展的格局，坐标要大，就是格局要大。我家住傅厚岗。傅厚岗曾住过几位大家——徐悲鸿、傅抱石、林散之，还有李宗仁。我常在他们的故居前驻足，见故屋，如见故人。徐悲鸿说，一个人不能有傲气，但一定要有傲骨；傅抱石对小女傅益瑶说，不要做文人，做一个有文化的人，重要的是把自己的胸襟培养起来。徐悲鸿、傅抱石的话对我启发特别大。我的理解是：大格局来自大胸怀，胸怀大是真正的大；大格局不外在于他人，而是内在于人的心灵。而胸怀与视野联系在一起。于是，大视野、大胸怀带来大格局，大格局才会带来大一点的智慧，人才能讲一点更有内涵、更有分量的故事。这是我真正的心愿。

大胸怀下的大格局，是由时间与空间架构成的坐标。用博尔诺夫的观点看，空间常常有个方向：垂直方向、水平方向和点。垂直方向引导我们向上，向天空，向光明；水平方向引导我们向前；点则引导我们要有一个立足点。无论是向上，还是向前，还是选择一个立足点，都需要努力，都需要付出。而时间则是人类发展的空间。时间特别引导人应当有明天性。明天性，即未来性，亦即向前性和向上性。所以，实践与空间构筑了人生的坐标，这样的坐标是大坐标。

五、对未来的慷慨：把一切献给现在

在这样的更大坐标中，需要我们处理好现实与未来的关系。我非常欣赏这样的表述：对未来的慷慨，是把所有的一切都献给现在。其意不难理解：不做好现在哪有什么未来？因此想要在更大的坐标上讲述故事，则要从现在开始，只有着力讲好今天的故事，才有明天的故事。有一点，我做得还

是比较好的：不虚度每一天，读书、读报、思考、写作成为一天的主要生活内容，也成了我的生活方式。有老朋友对我的评价是：成尚荣不好玩。意思是，我不会打牌，不会钓鱼，不会喝酒，不喜欢游山玩水。我的确不好玩。但我觉得我还是好玩的。我知道，年纪大了，再不抓紧时间读点书写点什么，真对不起自己，恐怕连"尚可"的水平都达不到。这位老朋友已离世了，我常默默地对他说：请九泉之下，仍继续谅解、宽容我的不好玩吧。真的，好不好玩在于自己的价值认知和追求。

六、首先做个好人，一个有道德的人

讲述的故事不管有多大，有一个十分重要的主题，那就是做个好人。做个好人真不容易。我对好人的定义是：心地善良，有社会良知，谦虚，和气，平等对人，与人为善，多站在对方的位置上想想。我的主要表现是：学会"让"。让，不是软弱，而是不必计较，不在小问题上计较，不在个人问题上计较。所谓好人，说到底是做个有道德的人。参与德育课程标准的研讨，参与道德与法治教材的审查，参与学生发展核心素养的论证，我最大的体会是：道德是照亮人生之路的光源，人生发展坐标首先是道德坐标。我信奉林肯的论述："能力将你带上峰顶，德行将让你永驻那儿。"我还没登上峰顶，但是道德将成为一种攀登的力量和永驻的力量。我也信奉，智慧首先是道德，一如亚里士多德所言，智慧就是就那些对人类有益的或有害的事采取行动的伴随着理性的真实的能力状态。我又信奉，所谓的退、让，实质上是进步，一如插秧歌："手把青秧插满田，低头便见水中天，六根清净方为道，退步原来是向前。"我还信奉，有分寸感就不会贪，有意志力就不怕，有责任心就不懒，有自控力就不乱。而分寸感、意志力、责任心、自控力无不与道德有关。

在更大的坐标上讲述故事，是一个反思、梳理、提升的过程，学者称之为"重撰"中的深加工。文丛试图对以往的观点、看法作个梳理，使之条理化、结构化，得以提升与跃迁。如果作一些概括的话，至少有三点体会。其一，心里有个视角，即"心视角"。心视角，用心去观察问题、分析问题。心视角有多大，坐标就可能有多大；心视角有多高，坐标就可能有多高。于是，我对自己的要求是，对任何观点对任何现象的分析、认识看高不看低，往深处本质上去看，往立意和价值上去看。看高就是一种升华。其二，脑子里有个思想的轮子。思想让人站立起来，让人动起来、活起来，人的全部尊严在于思想。思想是从哪里来的？来自哲学，来自文学，来自经典著作。我当然相信实践出真知，但是实践不与理论相结合，是出不了思想的。思想好比轮子，推着行动走。倘若文章里没有思想，写得再华丽都不是好文章。我常常努力地让思想的轮子转动起来。发展坐标是用思想充实起来、支撑起来的。其三，从这扇门到那扇门，打开一个新的天地。读书时，我常有种想象，我把这种阅读称作"猜想性阅读"。这样的阅读会丰富自己原有的认知框架，甚至可以改变自己原有的认知框架。写作则是从这扇门到那扇门，由此及彼，由表及里，由浅及深，是新的门窗的洞开。

七、把坐标打开：把人、文化，把教育的关注点、研究点标在坐标上

更宽广的视野，更丰富的心视角，必然让坐标向教育、向生活、向世界打开。打开的坐标才可能是更大的坐标。我对专业的理解，不囿于学科，也不囿于课程，而要在人的问题上，在文化的问题上，在教育改革、发展的一些大问题上有些深度的阐释和建构，这样的专业是大专业。由此，对教师的专业发展我曾提出"第一专业"的命题。对教师专业发展如此，对教育科研工作者也应有这样的理解与要求。基于这样的认识，文丛从八个方面梳理、表达了我这十多年对有关问题思考、研究的观点：儿童立场、教师发展、道德、课程、教学、语文、教学流派以及核心素养。我心里十分清楚：涉及面多了，研究的专题不聚焦，研究的精力不集中，在深度上、在学术的含量上达不到应有的要求。不过，我又以为，教育科研者视野开阔一点，视点多一点，并不是坏事，倒是让自己在多样性的认知与比较中，对某一个问题发现

了不同的侧面，让问题立起来，观察得全面一些，也深入一些。同时，研究风格的多样化，也体现在研究的方向和价值上。

坐标打开，离不开思维方式和打开方式。我很认同"遮诠法"。遮诠法是佛教思维方式。遮，即质疑、否定；诠，即诠释、说明。遮不是目的，诠才是目的；但是没有遮，便没有深度、独特的诠；反过来，诠让遮有了更充足的理由。由遮到诠是思维方式，也是打开、展开的方式。

遮诠法只是我认同并运用的一种方式，我运用得比较多的是"赏诠法"。所谓赏，是肯定、认同、赞赏。我始终认为，质疑、批评、批判，是认识问题的方式，是指导别人的方式，而肯定、认同、赞赏同样是认识问题的方式，同样是指导别人的方式，因为肯定、认同、赞赏，不仅让别人增强自信，而且知道哪些是认识深刻、把握准确、表达清晰的，需要保持，需要将其放大，争取做得更好。对别人的指导应如此，对自己的学习和研究也应这样。这样的态度是打开的，坐标也是打开的。打开坐标，研究才会有新视野和新格局。

打开，固然可以深入，但真心的深入应是这一句话："根索水而入土，叶追日而上天。"我对自己的要求是：向上飞扬，向下沉潜。要向上，还要向下，首先是"立起身来"。原来，所有的坐标里，都应有个人，这个人是站立起来的。这样的坐标才是更大的坐标。

八、打开感性之眼，开启写作之窗

不少人，包括老师，包括杂志编辑，也包括一些专家学者，认为我的写作是有风格的，有人曾开玩笑地说：这是成氏风格。

风格是人的影子，其意是人的个性使然，其意还在风格任人去评说。我也不知道自己的写作风格究竟是什么，只知道，那些文字是从我的心里流淌出来的，大概真实、自然与诗意，是我的风格。

不管风格不风格，有一点我是认同的，而且也是在努力践行的，那就是相信黑格尔对美的定义：美是用感性表达理念和理性。黑格尔的话与中国文化传统中的"感悟",以及宗白华《美学散步》中的"直觉把握"是相同的,相通的。所以,我认为,写作首先是打开感性之眼,运用自己的直觉把握。我自觉而又不自觉地坚持了这一点。每次写作,总觉得自己的心灵又敞开了一次,又自由呼吸了一次,似乎是沿着一斜坡向上起飞、飞翔。心灵的自由才是最佳的写作状态,最适宜的写作风格。

当然也有人曾批评我的这一写作风格,认为过于诗意,也"带坏"了一些教师。我没有过多地去想,也没有和别人去辩论。问题出在对"诗意"的理解存在偏差。写作是个性化的创造,不必去过虑别人的议论。我坚持下来了,而且心里很踏实。

九、讲述故事应当有一个丰富的工具箱

工具的使用与创造,让人获得了解放,对工具的使用与创造已成为现代人的核心素养。

讲述故事也需要工具,不只是一种工具,而且要有一个工具箱。我的工具箱里有不少的工具。一是书籍。正如博尔赫斯所说的,书籍是人类创造的伟大工具。书籍这一工具,让我的心灵有了一次又一次腾飞的机会。二是艺术。艺术是哲学的工具。凭借艺术这一工具我走向哲学的阅读和思考。长期以来,我对艺术作品及其表演非常关注。曾记得,读师范时,我有过编写电影作品的欲望,并很冲动。现在回想起来,有点好笑,又非常欣慰。因为我那电影梦,已转向对哲学、伦理学的关注了。三是课程。从目的与手段的关系看,课程是手段、是工具。课程这一透镜,透析、透射出许多深刻的意蕴。四是教科书。我作为审查委员,对教材进行审查时,不是审查教材本身,而是去发现教材深处的人——教材是不是为人服务的。工具箱,提供了操作的工具,而工具的使用,以及使用中生成的想象,常常帮助我去编织和讲述故事。

十、故事让时间人格化，我要继续讲下去

故事可以提供一个可供分享的世界。不过，我的目的，不只在与世界分享，更为重要的是，通过故事让时间人格化，让自己的时间人格化。讲述故事，是对过去的回忆，而回忆时，是在梳理自己的感受，梳理自己人格完善的境脉。相信故事，相信时间，相信自己的人生坐标。

我会去丰富自己的人生坐标，在更大的坐标上，继续讲述自己的故事。

2017 年 1 月 15 日

用智慧的方式培育学生核心素养

这两年来，核心素养"火"了。

核心素养还会"火"下去。

"火"又与"大尺度"联系在一起。

有意用时尚、流行的词语，无非是表达一个意思：核心素养被关注的程度，其宏阔的背景、深远的意义，其中国特点和世界的潮流，等等，正为越来越多的人所认同。也无非是表达另一个意思：核心素养具有丰富的学术性，但学术问题也是可以很好玩的，不必那么一本正经。也许，人的情趣也可以进入核心素养，至少可以影响人的发展。

不过有个问题不可忽略，那就是应该以什么方式对待，尤其是以什么方式来实施核心素养。之所以提出这一话题，是因为类似的话题常常引起我们的关注和思考，比如，以科学的方式开展科学教育，以道德的方式进行道德教育，以文化的方式推动文化建设……那么，自然就有"以核心素养的方式研究、实施核心素养"的命题了。这命题的实质是：以智慧的方式培养、发展核心素养。

这似乎是个伪命题，其实不然。核心素养命题本身就包含着实施的方式，亦即实施方式是核心素养的题中应有之义，手段、目的与过程的一致性，才可能保证命题意义的真正实现。事实告诉我们，假若手段与目的分离，乃至对立，那么这一过程是到达不了彼岸的。这样的事实在以往的改革实践中并非鲜见。那么，在走进核心素养的今天，就应更加引起重视了。

一、核心素养是智慧的合金，智慧是核心素养的中国表达

核心素养有诸多定义和阐释。这些定义与阐释都不无道理，这里我们就不罗列和讨论了。如果我们不从已有的定义和阐释出发，而是换个角度来思考呢？比如，从智慧的视角来阐释，我想是可以的。孔子说："知者乐水，仁者乐山。知者动，仁者静。知者乐，仁者寿。"儒家文化中，"知"与"仁"是评判人格完善的两个重要维度。仁者爱人，知者有能力也有快乐的表情。这与核心素养的"必备品格与关键能力"是相呼应、相契合的。先秦时代，以"知"字代替"智"字，其意是，人的认知过程是将"箭"（"知"字的偏旁"矢"）投射出去，回到"人"（"知"字的右部分"口"）身上来，这是获取知识的过程，也是生长智慧的过程。其中，暗含着一个意思：知识是可以转化为智慧的。知识的转化、超越是智慧本身及其研究的重要命题。

庄子在《齐物篇》里说："大知闲闲，小知间间。大言炎炎，小言詹詹。"智慧有大小之分，其区分的关键在于"闲闲"与"间间"。闲者，空也；空者，无限大也。间者，小也；小者，细小或琐碎也。大智者关心、研究、把握宏观、战略和全局，有宏大的视野，有整体的设计，还有大格局，形成大气象。小智者则相反。其实这是在对应着"形而上"和"形而下"的思想与方法论的问题。从某个角度看，大智与"形而上"更倾向于核心素养，核心素养是人发展中"必备"的、"关键"的、共同的素养，是"道"的问题，犹如智慧说中的"大智"。

作个概括的话，智慧是在复杂情境中，或是面对突发的情境所采取的得当的、巧妙的有效方式，表现为沉着、从容、机智的态度和品格，以及应对的能力，具有综合性。这与核心素养的特征是吻合的。核心素养是智慧的合金。

尽管智慧命题具有世界性，但是中华文化传统中，智慧的阐释更闪烁智慧的色彩，因此，用智慧来解读、阐释核心素养，必定使核心素养的表达有中国的风格；智慧包含着核心素养的基本内涵，用智慧来解说更体现了核心素养的主要特征。把核心素养聚焦并浓缩于智慧，虽然显得有点宽泛，确定性较弱，但广大教师是可以理会的，认同的程度、实施的自信与自觉性可能会更强一些。

细想想还真的有道理，思维的智慧、实践的智慧、创新的智慧，不都是核心素养的要义吗？同时，也可视智慧为核心素养的"核心"、特征和境界。也许，这正是核心素养这一世界命题的中国智慧吧。

二、用智慧的方式实施核心素养，促使核心素养真正成为学生生长着的智慧

既然核心素养是智慧的合金，聚焦于智慧，那用智慧的方式实施核心素养就是必然的，也是必需的。否则，很可能适得其反，核心素养失却智慧的内核与特征，不能走向更高境界，核心素养就不会是真正意义上的核心素养。从方式的角度看，方式是事物打开的关键，也是打开未来之门的一把钥匙。方法论常与价值观紧密联系在一起，在深化教育改革的今天，还应把方法论摆到重要位置去。因此，用什么方式来实施核心素养也就显得特别重要。

智慧的方式是智慧要义的外在表现。讨论智慧的方式首先要明晰智慧的要义。

其一，智慧的灵魂是道德，智慧的方式应是道德的方式。智慧离不开道德，抑或说，智慧首先是道德智慧。古希腊的传说阐述的正是这一要义。雅典本没有城市的名字，许多人都想用自己的名字作为城市的名字。雅典人的办法是，谁为雅典做的好事多，或是谁送给雅典的礼物好，就用谁的名字命名城市。海神送的礼物是一匹战马，智慧女神雅典娜送的礼物是橄榄枝。雅典人接受了智慧女神的礼物，因为他们认为橄榄枝象征着和平与友谊，智慧女神首先是美德之神、和平之神、友谊之神，战马则意味着战争。虽然这是个传说，但有普遍的现实意义。历史与现在都告诉我们，高智商只有与道德

牵手同行，才会成为智者，智慧离不开道德；同时道德本身就是一种智慧。因此，智慧的方式首先是道德的方式。

道德的方式说到底是"人"的方式，即把人真正当作人，人的价值是最高价值，而核心素养是属于人的，它是以人为价值主体的。这种道德的方式，其起点是对人的尊重，是给人以更充分的尊重，在尊重的前提下，人才能成为教育的主体，成为主体力量参与到教育过程中去。核心素养正是在这一过程中得到培养和发展的。当然，尊重不能解决一切问题，也不是解决问题的方式，但是尊重的背后是信任，只有尊重与信任才能搭建共同体对话的平台。因此，尊重闪耀的是人性的光辉，折射出道德智慧的光芒。舍弃道德，舍弃道德的方式，核心素养便培养不起来，而且核心素养丢失了灵魂，就不是真正意义上的核心素养了，因为它被异化了。

其二，智慧的本质是创新，智慧的方式实为创新的方式。三只苹果改变了世界。苹果改变世界，就是创新改变世界，因为苹果已成了创新的代名词。苹果也是智慧的代名词。由此我想到美国学生发展核心素养：学习与创新技能、信息技术媒体技能、生活与职业技能。美国以创新贯穿学生发展核心素养体系中。如果作一梳理与概括，世界各国所研制的学生发展核心素养，其核心价值就是创新，即培养学生的创新精神和能力。中国一直坚定地认为，创新是一个民族振兴和发展永不衰竭的动力，也将创新素养置于核心素养体系中的核心地位。而这一切都必须以创新的方式来推动学生创新精神和实践能力的培养。在中华文化的语境里，智慧就是在特定的情境里创造性地解决问题，创新就是一种智慧的具体而生动的表现，而智慧已成为创新的另一种表达。这些阐释并没有深奥之意，甚至是不言而喻的。

问题还是在实践中。倘若再作比喻的话，我想到的是在教室里栽下一棵苹果树。透过比喻，我们自然想到了创新性思维。杜威定义学习：学习就是学会思维。而学会思维，关键是给学生思维以挑战性。所谓思维的挑战性，就是面对复杂性问题，思维活跃起来，无论是逻辑性思维，还是批判性思维，无论是原认知思维，还是适应性思维，都能在研究、解决问题的过程中，相互关联，相互促进，相辅相成。所以，用思维的挑战性才能回应学习和创造中的挑战性，也才会带来所谓的深度学习和有创意的学习。至此，我们可以作出一个基本判断：创新与智慧紧密相连，用智慧的方式，在本质上就是用创新的方式。唯此，学生核心素养才能真正得到发展。

其三，智慧是对情境的认知、辨别与顿悟，应在情境中培养和发展学生核心素养。智慧是在情境中表现出来的，情境性是智慧的重要特征；离开情境，便不能生成智慧，即使有所谓的智慧也没有任何意义和价值。因此，用智慧的方式培育、发展学生核心素养，用另一种表述就是让学生进入情境，引导他们对情境进行认知、辨别，并让他们在情境中产生顿悟，有新的想象、新的发现、新的创造。这既是对智慧的定义与阐释，又是对核心素养产生和发展动力源泉的阐发。

符号世界也应是一种情境，但是这样的情境与生活世界相隔离，显得单一、枯燥、苍白，缺少丰富性、生动性，也缺少情趣。核心素养的提出，引领我们去创造优化了的、丰富多彩的真实情境，让学生在这样的情境中，情感被触发，直觉把握的感性思维被激发，生命的潜力得到开发。生活情境消弭了学习的边界，在开放的边界上瞭望外面的世界，在交界中进行对话，进行跨界学习。正是在这样的情境中，知识、能力、态度得到整合，以综合的形态表现出来，生长为核心素养。这不仅启发我们，也要求我们，在核心素养的召唤与引领下，为学生打开一扇又一扇窗户，把整个世界当作课程来学习。情境中的学习，学生的视野更广，学习的格局更大，会生成学生的大智慧，用智慧催生智慧，用智慧的方式培育、发展学生核心素养，让过程明亮起来、温暖起来、智慧起来。

三、用智慧的方式培育、发展核心素养，关键是教师要做智者

教师是智慧的引路人。教师的智慧影响着甚至决定着学生的智慧，必定影响着甚至决定着学生核心素养的发展。这早已成为大家的共识，成为所有教师共同的永远的追求，而且教育家们、名师们已以自己的经历和切身的体会，在告诉我们，影响我们。

聚焦核心素养，应当回望教育家。陶行知先生，用他的生活教育、真教育，告诉我们，教师应当是儿童的解放者。正如他在《教师歌》里所写："你不能教导小孩，除非是解放了你的小孩。"解放孩子成为生活教育、真教育的指南针，而且成为指南针的轴心。是的，教师的大智慧在于解放儿童。其实在解放儿童的同时，也在解放自己。陈鹤琴先生，用他创立的活教育告诉我们，儿童是核心素养培育、发展的原点，生活中的学习是核心素养发展的基点，学中做、做中学、做中求进步是核心素养发展的力点。原点、基点、力点实际上是智慧之点，陈鹤琴先生是智者，是有大智慧的教师。叶圣陶先生一直提倡并厉行"教是为了不教"，我们将其概括为"不教之教"。为了不教而教，不教的目的在于让学生自主地学。"不教之教"建构了完整的教学概念和教学过程，显现了教学的艺术与智慧。叶圣陶先生是大智者，他把这种大智慧悄悄地隐藏在教学过程中。斯霞老师的童心母爱，已成了儿童教育的范式，这种范式就是学生发展核心素养的范式。童心与母爱的相遇，教育之大爱，教育之大智。斯霞老师，是大智者，是儿童教育家。像斯霞老师那样教语文，就是用智慧教语文；做斯霞式的老师，就是做有大智慧的老师。李吉林老师创立了具有中国特色的情境教育，已站在一个很高的平台上，同世界上的同行们、学者们、专家们进行对话了。情境教育范式实质是中国儿童情境学习范式。有大智慧的教师应当是研究者、实验者、创造者。所以，智慧教师不是空洞的，是具体的、生动的、丰富的。

这里涉及另一个重要问题：教师发展的核心素养。也许现在还不能具体地解说教师发展的核心素养，但有一点应是肯定的，那就是教师核心素养与学生一样，亦是智慧的合金，智慧应成为教师发展核心素养的内核和重要人格特征。

教师的智慧从何而来？记住苏格拉底的话：承认无知。承认无知，是生长智慧的第一行动。还要记住苏格拉底的另一句话：还是认知自己。中国古训说得好：自知者明，知人者智。智慧教师说到底是认识自己，发展自己。这应视作是生长智慧的根本行动。这一行动来自内心，来自学会改变自己。

用智慧的方式培育、发展学生核心素养，我们寻找到了另一答案：智慧的教师培育、发展学生核心素养。

核心素养的中国表达

如果要对核心素养的中国表达从总体上作一概括的话，那就是：其一，中国学生发展核心素养是一个结构，具有方向性、理念性、价值性、落实性的召唤，因而它是一个召唤性结构。其二，中国学生发展核心素养的根本任务是落实立德树人的根本宗旨，探索、建构具有中国特色的立德树人的育人模式。其三，中国学生发展核心素养体系深植于中华优秀传统文化土壤中，又面向现代化、面向世界、面向未来，既具有中国文化底蕴，又具有时代特点，两者融合、互动、支撑。

一、核心素养的中国表达植根何处

中国学生发展核心素养应植根于中华优秀传统文化土壤中，主动、积极回应中国现代化建设的伟大召唤，从基础教育课程改革的经验总结和深度反思中，吸取丰富的营养，获得重要启示，紧贴中国学生发展的实际，从中国学生发展的特点和需求出发。

学生发展核心素养，一个普通的词语、平常的概念，它不时尚，也不奇崛，却吸引了大家的眼球，迅速地流行起来，显现出巨大的力量。核心素养的力量，来自它提出的时代背景，来自它的内涵、价值方向及其所带来的变革行动。

众所周知，研制学生发展核心素养是世界各国教育改革所关注、研究的共同话题，而且已成为改革与发展的共同主题，有关的文件及研究成果相继面世：《素养的界定与遴选：理论与概念的基础》《21世纪素养框架》《核心素养建议案》《课程编制的基础研究》等等。这些研究给我们以理论与实践的双重启示。开放的中国、深入的课改，当然十分珍视并要吸收这些重要的研究成果，但是，我们也应该有自己的思考，有自己的表达，发出自己的声音，因为我们有自己的历史文化背景、现实基础、学生特点以及对未来的认知、把握和追求。

核心素养的中国表达，应如何彰显"中国"元素？

第一，中国学生发展核心素养应植根于中华优秀传统文化土壤中。

在传统文化宝藏中，教育理论、教育思想、教育经验熠熠闪光，塑造着中国教育之魂。细察中国优秀传统文化，不难发现对人、对学生发展的宝贵思想，不难发现所蕴含着的文化精神、科学理性、创新实践的基因。具有中国特色的现代化建设要深植于中华优秀传统文化土壤中，具有中国特色的教育现代化建设同样要深植于中华优秀传统文化土壤中。毋庸置疑，中国学生发展核心素养的研制，在吸收"外来"的同时，必须不忘文化的"本来"。这样，中国学生发展核心素养才会有中国根、民族魂、世界眼；这样，中国学生才能在世界文化的激荡中站稳自己的脚跟，又跟得上世界前行的步伐。

第二，中国学生发展核心素养应主动、积极回应中国现代化建设的伟大召唤。

现阶段，建设中国特色社会主义的主要任务，就是全面建成小康社会。同时，一系列支撑发展的重大理念、重大政策、重大工程和重大项目，为今后中国经济社会的发展指明了方向和路径。这是对全国各行各业的召唤，当然也是对教育改革、发展的召唤，必然对学生当下和未来发展提出更高的新的要求。这些要求聚焦在学生发展核心素养上，尤其是文化底蕴、科学精神、学会学习、健康生活、责任担当与创新实践等素养要求的发展上，包括家国情怀、社会责任、法治意识、思维品质、创新精神和实践能力等。具有这些素养的学生，才能担当起振兴中华的重任，实现自己的人生梦。这一重要的现实基础和未来发展的需求，必然促使中国学生发展核心素养体现中国的时代色彩。

第三，中国学生发展核心素养应从基础教育课程改革的经验总结和深度反思中，吸取丰富的营养，获得重要启示。

我国基础教育课程改革已走过了 15 个年头，正在走向深入。2014 年，教育部《关于全面深化课程改革　落实立德树人根本任务的意见》，进一步明确了深化课改的指导思想、基本原则、主要任务，以及着力推进改革的关键领域和主要环节等。15 年之久的课改，在促进学生素养方面创造并积累了丰富的经验，越来越把课改目标指向学生的发展，指向核心素养的培养。课程目标的鲜明、课程内容的丰富、课程结构的明晰、课程的创造性实施、学习方式的变革、评价理念及方式的转变、课程管理权限的分享，尤其是立德树人根本任务的提出，使得课改的方向更明确，学生发展的核心素养逐步明晰起来。在课改的过程中，我们学会了反思、学会了改变。这一切的一切，都为研制学生发展核心素养提供了重要的理论思考、价值启示和经验基础。

第四，中国学生发展核心素养应紧贴中国学生发展的实际，从中国学生发展的特点和需求出发。

中国学生发展既具有当代学生发展的一般特点，又具有中国学生发展的个性特点。一个普遍的共识就是：中国学生所受的知识教育、规范教育过多过强，因而自主意识、学习品质、思维方式、探究精神、实践能力等是比较薄弱的。这些不足与弱点的克服是一个长期的过程，这不是一个自然的过程，必须有良好教育的积极干预。令人高兴的是，这一现状正在逐步改变。但我们还只是在起步，且还面临着新的问题和新的挑战。

中国学生发展核心素养正是从这些特点与需求出发，寻找、明晰"核心"素养，以引导中国学生核心素养发展的方向、特点，形成中国风格。

二、核心素养的中国表达特点何在

中国学生发展核心素养，基于素质教育，又是素质教育的提升与超越。中国学生发展核心素养在内涵界定上，能力与品格并重；在价值取向上，个人发展取向和社会发展取向二者融合、统一；在具体实施上，落实在课程开发与设计中，落实在学科教学中。

北师大的林崇德教授带领一批专家、学者以及教师代表为研制中国学生核心素养体系，作了大量的国际比较研究和深入的调查研究，反复研讨论证，教育部又组织一些专家再研究再论证，形成了中国学生核心素养发展体系征求意见稿。经过反复研究、修改，课题组正式对外发布了研究成果。核心素养的中国表达是我们共同的追求。

中国表达的核心素养有如下特点：

特点之一：在研究脉络上。

中国学生发展核心素养，既基于素质教育，又是对素质教育的坚守、提升与超越。核心素养的提出，绝不是对素质教育的否定，核心素养与素质教育在方向上、理念上、重点上具有内在的一致性与紧密的关联性。上个世纪90年代，不少地区开展了素质教育的实践与理论研究，1999年的第三次全教会，明确提出了素质教育，国务院颁发了实施素质教育的意见；进入新世纪，《国家中长期教育改革和发展规划纲要（草案）》中进一步明确，中国教育改革发展的战略主题是素质教育，学生发展的重点是社会责任感、创新精神和实践能力。显然，这些与当前核心素养关注的方向与重点是一致的，核心素养命题是素质教育的延续与坚守，同时又是对素质教育的提升与超越。其具体表现是："素质"或"素养"的发展都是先天遗传和后天培养相互作用的结果，但素养更强调后天培养，更强调其可发展性，因而，也更强调教育的使命；核心素养发展更指向人，聚焦于学生发展，将学生发展置于教育、课程的核心地位，以学生发展为本的理念可以进一步得到落实。在通用性上，国际上一般使用核心素养概念，几乎不使用素质教育概念，这有利于中国教育与世界教育在同一个语境下进行对话，有利于教育理论的研究和发展；在使用中，我们可以提出"学科素养"，而"学科素质"就不合适、不恰当，"学科素养"同样聚焦于人，凸显学科育人、教育育人的理念。总之，核心素养命题不但没有切断历史，还给素质教育注入了新内涵、新机制、新动力。这是具有中国特点的。

特点之二：在内涵界定上。

对核心素养的内涵有自己的理解和界定。不同的国家和国际组织，对核心素养的内涵都有自己的界定，从总体上看，他们往往以"技能"或"能力"来呈现（当然，他们所提出的技能、能力与传统意义上的技能、能力还是有差异的）。而我们国家，将核心素养界定为"必备品格和关键能力"，亦即不但重视能力，还重视品格，品格与能力同时成为核心素养的内涵。这一界定对核心素养价值与内涵的理解更完整。这来自我们自己的思考。其一，能力固然重要，但人的发展不仅需要能力，要"以能力为重"，而且还需要品格，增强"社会责任感"等，品格与能力共同支撑着人的发展。其二，品格与能力又互相支撑。能力应当有方向感、价值感和道德意义，缺少价值判断与道德支撑的能力，很有可能让这把双刃剑的另一刃显得更危险。品格与能力是并列关系，品格又具有引领能力发展方向的意义。其三，中华传统文化的底色与亮色是伦理道德文化。"国无德不兴""人无德不立"是中华民族特有的文化传统，这一传统已为历史和现实所证明，也将继续为未来所证明。我们不妨关注一下新加坡，新加坡已将"做增强自信的人""做积极奉献的人""心系祖国的公民"等列入核心素养的内涵，这说明核心素养中"品格"问题已引起了大家的关注，相信中国的这一表达将会进一步引起世界的关注。

特点之三：在价值取向上。

不同的国家有着不同的选择，有偏向于成功生活的，有偏向于终身学习的，也有偏向于个人发展的，还有采用综合性取向的。中国的价值取向非常鲜明："学生发展核心素养，是指学生应具备的、能够适应终身发展和社会发展需要的必备品格和关键能力。"那就是既有个人发展取向，又有社会发展取向，而且二者是统一的、融合的。国家研制的学生发展核心素养，是"国家标准"，体现了国家对学生发展的共同的基本要求，这样的"国家标准"从总体上保证人才质量，满足社会发展需求，以促进社会发展。但是，这并不否认满足个人发展的需求。核心素养的本体就是人，就是学生的每一个体。发展核心素养，就是要促进个人的终身发展。从另一个角度说，只有真正促进个人的终身发展，才能真正促进社会发展；反之，社会发展了，才能推动个人发展。有人认为，"国家标准"体现的是国家意志，而国家意志必然无法实现个人发展、个性发展的价值，我以为这是一种误解。坚持个人终身发展与社会发展价值的统一、融合、互动，这正是中国的一种表达与追求，这种表达与追求，将核心素养研制以及今后的实施、落实，推进到一个新境界。

特点之四：在核心素养的结构上。

不同的结构反映了不同的理念和不同的理解。我国专家组的研究，从核心素养的特性出发，形成核心素养的几个维度，形成合理的结构，进而建构核心素养的内容，那就是：核心素养的自主性——自主发展维度，核心素养的社会性——社会参与维度，核心素养的文化性——文化学习、修炼维度。这三个维度建构了中国学生发展核心素养的整体框架，是完整的、合理的，用框架反映核心素养的特性，以特性来支撑框架。而在具体呈现时，这一框架是内隐的，内隐并不意味它的不存在，而恰恰使之显得既清晰又很深刻，恰恰引导教师和学生不必去记住那些条条，而是获得框架性的整体力量。此外，这一框架中，文化学习、修炼的维度，将学会学习、使用并创造工具、思维能力等置于重要位置，它们并不与具体学科一一对应，却对学科的教与学起到引领作用。这一结构性的中国表达意蕴是十分丰富的。

特点之五：在核心素养的落实上。

中国学生发展核心素养体系提出核心素养的学段、学科特点问题，当前正在研制学科核心素养。目前大家对学科核心素养的概念还有些质疑，这些质疑不无道理，可以让我们的研究更严谨、认识更深刻、表达更精准。但是有一点是明确的，学生发展核心素养不是虚空的，它必须落实，落实在课程开发与设计中，也要落实在学科教学中。同时，学科育人的理念，也必然要求学科内容的选择、目标的设立以及所展开的教学过程，一定要以核心素养为目标为依据，有目的、有计划地落实核心素养。这样的落实不能不从学科特质、学科特定内容出发，寻找到学科教学与核心素养的联结点、触发点、结合点、落实点。正因如此，学科核心素养概念的提出并使之落实是必需的，也是必然的。国际上的研究亦如此。他们研究核心素养本来就是为了深度引领课程改革，有的国家还提出以核心课程为载体，如美国。中国在这方面的研究与落实，起步比较早，起点也比较高。这还表现在对三维目标——知识与技能、过程与方法、情感态度价值观——与核心素养关系的研究上。提出三维目标是课改的一大进步，即从教学大纲走向内容课程标准。三维目标还不是终极目标，它还必须在整合、提升中走向核心素养。它是核心素养形成的要素和路径，因此还应从内容课程标准走向成就课程标准。

特点之六：在核心素养的实施上。

我国非常重视核心素养的实施。教育部在 2014 年《关于全面深化课程改革　落实立德树人根本任务的意见》里就明确提出：以"坚持系统设计、整体规划育人各个环节的改革"为基本原则，统筹各学段，统筹各学科，统筹课标、教材、教学、评价、考试等环节，统筹各教育力量，统筹各种阵地，"形成多方参与、齐心协力、互相配合的育人工作格局"，基本确立"相互配套、协调一致的人才培养体制"，进而实现"全科育人、全程育人、全员育人"的目标。这是整体思考、复杂性思维范式的具体体现，也是中国表达的生动体现。

三、学校表达：寻找核心素养落地的力量

对于核心素养，学校应当有自己的表达，发出自己的声音，与中国表达相呼应，形成中国课改、教改的生动气象。学校表达实际是学校的创造。学校表达的主题，就是寻找核心素养落地的力量。

近一两年来，不少学校都在关注核心素养问题，自觉研究，自觉对照，自觉调整和改进课程、教学。这说明，课程改革不断地在改变我们，校长和教师的积极性、创造性得到了进一步开发，顶层设计与基层探索相结合的改革路线也越来越清晰，结合得越来越好。

的确，核心素养不只是上层领导和专家学者们的事。学校应当参与到研制过程中去。对于核心素养，学校应当有自己的表达，发出自己的声音，与中国表达相呼应，形成中国课改、教改的生动气象。学校表达的主题，就是寻找核心素养落地的力量。这一主题意味着，核心素养之于学校的主要任务是"转化"。所谓转化，一是指应以核心素养统领、引领、深领学校课程改革与建设，以素养为导向推动课改的深入。统领——所有课程都要以核心素养为目标为依据，绝不意味着核心素养只指向国家课程，而校本课程则可以不指向核心素养；引领——引领课改的方向，端正课改的价值，以课改推动学校教育的转向；深领——要以核心素养为目标为依据进行深度反思，研究并逐步解决课改中的深层次问题，从形式走向内核，从方法走向理念，将"人"永远置于课程的正中央。

转化既有具体的内容，还应有前提与基础。假若缺乏对一些基本问题的关注和研究，转化很可能失却方向和理念，而成为一种纯技术的活儿，因此，转化仍然有形而上与形而下相结合的问题，换个角度看，转化本身就应是形而上与形而下相结合的过程。

诸多基本问题中最重要的，是对核心素养的理解问题。何为核心素养？把我们记忆仓库打开，一定会一下子"蹦"出一些记忆的片段。比如，爱因斯坦在美国高等教育 300 周年纪念会演讲《论教育》中有这样的话："如果人们忘掉了他们在学校里所学到的每一样东西，那么留下来的就是教育。"何等准确、精彩！"忘掉的"是具体的内容、知识等，而"留下来的"则是核心素养。"留下来的"越多，经过积累、叠加、沉淀、转化，则核心素养越来越鲜明，越来越稳定，越来越丰厚。教学中，我们特别要关注究竟哪些是应该留下来的，透过知识究竟让学生看到什么。此外，还会"蹦"出这样的话："给学生带得走的能力。"以能力来呈现核心素养是国际上一般的表述方式，带得走的能力则是核心素养。"带得走"与"留下来"是相互关联的两个概念，"留下来"是沉淀下来，"带得走"是伴随学习者的未来，是能力的运用和进一步创造。如果与中华传统文化再链接，核心素养就是智慧，就是孔子的论述："知者乐水，仁者乐山。知者动，仁者静。知者乐，仁者寿。"智与仁的相统一，意味着能力与品格的统一，即为核心素养。其实，智慧原本就包含着道德、品格。因此，我们不妨这么理解：核心素养即智慧；促进学生核心素养发展，就是让学生生长智慧，做一个智者。

当然，学校也可以有自己的表达。比如清华附小的校本化表达是：天下情怀、身心健康、诚志于学、审美情趣、学会改变等。他们不是另搞一套，而是在"国家标准"的基础上，从学校的文化历史传统出发，瞻望未来。清华附小正是在校本化表达的统领下，又走进了发展的新阶段。又如，"寻找核心素养落地的力量"是重庆巴蜀小学近年来一直思考、研究的问题，他们极有学习力、思考力和创造力。再如，江苏吴江实验小学，多年来，一直研究"学科关键能力"。学科关键能力是他们研究框架中重要的一个部分：学生发展核心素养——学科核心素养——个体发展核心素养。这一框架是完整的、合理的，而其中学科关键能力是他们的一个突破点，以学科关键能力带动学科核心素养，进而促进学生发展核心素养，把核心素养真正落实到课程、教学中去。

学生发展核心素养，学校是可以有自己的表达的。学校表达实质是学校的创造。我们需要这种研究精神和创造精神。

第一辑

核心素养：时代的主题

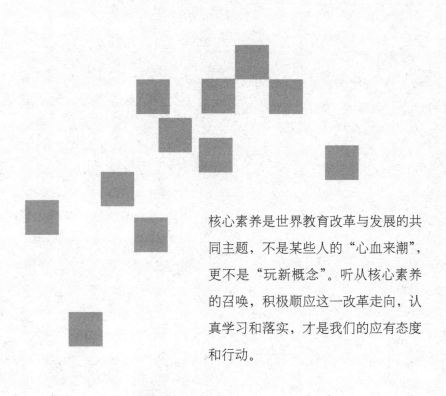

核心素养是世界教育改革与发展的共同主题，不是某些人的"心血来潮"，更不是"玩新概念"。听从核心素养的召唤，积极顺应这一改革走向，认真学习和落实，才是我们的应有态度和行动。

核心素养：开启素质教育新阶段

学生发展核心素养（以下简称"核心素养"），是当下我国基础教育课程改革乃至整个基础教育改革的一个热词。它已回响在教育的上空，人们仰望它、关注它。它也回荡在大家的心里，我们思考着、讨论着。同时，也生出一些问题，诸如何为核心素养，核心素养何为，如何让核心素养真正落地，以及在实施中怎样处理好一些关系，等等。对这些问题我们应当作出回答，但回答又不是一件容易的事，尤其是对学校和广大教师来说，这些问题的应答难度更大。学校和教师更需要在认识和实践层面明晰一些具体问题。所以，当下关于核心素养的研究，亟须廓清一些基本问题，把握核心素养的基本要义，否则，在实践中很有可能发生偏差。甚至可以这么说，当前我们的重点还不是如何落实，而是怎么认识、怎么理解的问题。归纳起来，以下几个方面的问题的理解显得尤为重要。

一、核心素养价值意义的深入认识

核心素养是当下课改的一个核心概念。专家、学者们已对这一核心概念作出了界定，并且进行了阐释。我认为界定与阐释是简明扼要的，这很重要。不过，比对概念界定与阐释更重要的是，如何深入认识核心素养的价值、意义，以及我们对核心素养的态度。改革的实践早就证明了一个判断：只有让认识、理念走在前面，让对价值、意义的认识走在前面，改革者才能既怀着激情又带着理性行走，行走得更好，改革才有可能深化并达成目标。

课程改革真正走进核心素养，首先是我们真正走进核心素养的价值意义域。

其一，在情感态度上，要认识核心素养提出的必然性，增强亲近感。听到核心素养这一概念，不少人有种新鲜感，认为课改又出了一个新词，同时还有点陌生感与神秘感，不知道这个词的意义。其实，学生发展核心素养早就孕伏在教育改革的实践中。我们可以作一简要回顾。早在上世纪 90 年代，我们国家就全面实施素质教育，要求从应试教育的桎梏中挣脱出来，以促进学生素质的全面发展，素质教育本身就蕴含着培养学生核心素养的要求，这是实施素质教育的本义。进入新世纪，国家颁发了中长期教育改革规划纲要，纲要中明确规定素质教育是改革发展的战略主题，全面提高教学质量是改革发展的核心任务，培养学生的社会责任感、实践能力与创新精神是重点，显然，改革的目标已聚焦在发展学生的核心素养上了。开启新世纪的基础教育课程改革，宗旨就鲜明地定位于每一个学生素质的全面提升、为中华民族复兴奠基。2013 年，进一步明确提出，立德树人是课程改革的根本任务，并要求"研究制定学生发展核心素养"，"根据学生的成长规律和社会对人才的要求，把学生德智体美全面发展的总体要求和社会主义核心价值观的有关内容具体化、细化"。这一改革的历程清楚地告诉我们，核心素养这一概念以及所形成的主题是在改革实践中孕育而成的，它是课程改革深化的必然。我们曾亲身经历过这些改革实践，对核心素养不应陌生，相反，更多的是亲切感、亲近感。同时，我们也不难看出，核心素养的提出、研究不是盲目的、随意的。因此，我们应当增强研究、实践的信心。

其二，在认识和理解上，要准确把握核心素养对课程改革深化的统领性以及对学生发展的支撑性，提升改革的自觉性。如前文所述，核心素养这一概念在我国首次出现是在 2014 年教育部《关于全面深化课程改革　落实立德树人根本任务的意见》（以下简称《意见》）中。《意见》明确提出要"着力推进关键领域和主要环节的改革"，而处在"关键领域和主要环节"首位的是"研究制定学生发展核心素养体系和学业质量标准"，并要求"各级各类学校要从实际情况和学生特点出发，把核心素养和学业质量要求落实到各学科教学中"。可见，核心素养与课程改革的深化有着直接的、深度的关联。这种直接、深度的关联主要体现为，它规定了课程改革的方向与宗旨，是课程改革的核心目标，是教材编写、教育教学、考试评价、制度管理的根本依据。它是"国家标准",根据这一标准制定的学业质量标准,可以明确学生完成不同学段、不同年级、不同学科学业应达到的程度要求,可以指导教师准确把握教学的深度和广度,可以使评价更加准确地反映人才培养要求。因此,核心素养之于课程改革具有统领性、引领性的作用,明晰并坚持学生发展核心素养,可促使课程改革的立意更高远,更具方向感;促使课程标准修订的依据更明确,更具"核心感";促使教学改革更聚焦于素养的培养,从知识走向素养,更具超越感。课程改革又密切关联着学生的发展。课程改革不仅从社会需要出发,还要从学生自身发展需要出发。核心素养之于学生的发展,具有根源性和支撑性的作用,它是学生发展之根基,可以生成;它是学生发展的支柱,支撑着学生的未来发展。核心素养的培养,让学生有带得走的必备品格和关键能力,走向人生,走向未来。核心素养的提出,让课程改革充溢着新的生命活力,丰富了更深刻的内涵,让以人为本、以学生发展为核心的理念进一步彰显。为此,我们更应增强改革的责任感。

其三,在背景视野上,应当有广阔的视域和更深刻的内涵,增强改革的使命感。众所周知,随着全球化、信息化与知识社会的来临,国力竞争不断加剧,合作共赢的发展理念也正在达成共识。国力的竞争说到底是人才的竞争,合作共赢的发展理念说到底必须靠人才的支撑。这一切需要进一步提升人才培养的质量,而提升人才培养质量首先要致力于国民素养的提升。这一世界各国发展的共同主题必然要转化为教育的重大主题,这是教育不能规避的,是必须积极应答的核心问题。这一核心问题、重大主题都聚焦在学生应该具备的最基本、最重要、最关键的知识、能力、情感、价值观上,即学生发展的核心素养上。尤其是我们国家,振兴中华、实现中国梦,使中华民族再一次自立于世界先进民族之林,更要培养素养良好的公民和优秀人才。因此,我们应当有这样的认识:培养和发展学生的核心素养,是国家发展战略,尤其是国家人才发展战略在教育改革领域的主要体现和具体要求,同时,也是培育和践行社会主义核心价值观这一根本任务在教育领域落实的重要措施和必要途径。这样的背景视野,既超越了课改本身,也提升了学生自身发展的价值、意义。这是一种国家发展的战略思维,让我们对核心素养的认识发生重大超越,超越具体的学校,也不必在技术层面和细节上纠缠。这种基于国家发展战略的选择,绝不是心血来潮,也不是灵机一动。所以,我们要改变思维方式，站到更高的平台上，从狭隘的视野中跳出来，增强改革的时代使命感。

二、核心素养主题实质的准确把握

教育的根本问题是"培养什么人、怎样培养人"的问题。随着改革的深入，跟随世界各国教育改革的走向，我们越来越把"培养什么人、怎样培养人"聚焦在学生发展核心素养上，换个角度说，核心素养正是要准确而具体地回答"培养什么人、怎样培养人"的问题。所以，核心素养这一主题的实质就是"培养什么人、怎样培养人"。讨论、研究核心素养，有许多不同的视角，有许多不同的问题，但是，不同的视角、不同的问题都应聚焦在这一实质的问题上，否则，很有可能为一些具体的问题所遮蔽，而在根本方向上发生偏差。

如果作些分析，核心素养的本质要义有以下几个方面。

首先，核心素养关注的是人，核心素养的提出与明晰促使教育发生重大转向。不言而喻，核心素养是人所应具备的品格和能力，离开人，就无所谓有核心素养；离开人，核心素养就失去了存在的主体，也就失去了价值意义。事实上，忽略人、忽略学生发展的情况在教育中时有发生，有时甚至到了熟视无睹、司空见惯的程度，最为突出的就是，在有的地方和学校只见课程不见人，只看教材不看人，只有教学没有人，学生被遮蔽了，学生不见了。课程、教材、教学都是为学生的学习和发展存在的，课程、教材、教学的价值意义就体现在学生的学习和发展上，学生缺席了，课程、教材还有价值吗？教学还能真正发生吗？有一个问题必须正面回答：几乎所有的学校，没有一个不说自己是以学生为中心的、全面育人的，这个口号已喊了几十年，还在不断重复，而且越喊越响，但我们真正做到了吗？回答当然是否定的。原因很复杂，必须承认，对于培养什么人、怎样培养人的要求不明确不具体，肯定是其中一个重要原因。当然，我们不能无限放大核心素养的作用，以为它可以解决所有问题，但无可非议的是，核心素养可以引导我们实现教学目的的转移，从教知识转向学生素养的培养，从追求分数、片面追求升学率转向学生的品格、能力培养，确立课程育人、教学育人的核心理念，并使之成为教育信念，这样，以学生发展为本才能真正得到落实。面对这一重大转向，我们认识到了吗？我们有决心吗？我们准备好了吗？我们必须回答。

其次，教育的重大转向，要求基于核心素养，努力探索、建构具有中国特色的育人模式——立德树人。任何教育都在建构自己的育人模式，问题在于建构的是什么样的育人模式，育什么样的人。值得注意的是，核心素养是落实立德树人根本任务的一个重要举措，而立德树人这一根本任务就是要建构具有中国特色的育人模式。所谓立德树人，其基本内涵是：为什么要通过立德来树人，立什么德，树什么样的人，等等。核心素养非常明确地回答了"树什么样的人"的问题，即规定了必备的品格和关键能力。不仅如此，核心素养的内涵中，非常明确地将人的道德素养置于重要地位，比如家国情怀、责任担当等。同时，核心素养也回应了"为什么要通过立德来树人"的问题。核心素养与核心价值观都属于价值范畴，习近平总书记对核心价值观作了精辟的解释：核心价值观就是一种德，既是个人之小德，又是社会、国家之大德。而伦理道德正是中华优秀文化传统的底色和本色，我们不难理解，立德树人是具有中华文化特色的又具有时代特点的育人模式。核心素养—立德树人—育人模式，形成了鲜明的逻辑线索。因此，研究、落实核心素养，其实质，抑或说其最为根本的意义就是推动教育的转向，在探索中建构育人模式。在这育人模式下，各地各学校又可形成具有校本特点的育人模式。

再次，核心素养深层次的意义还在于我们要学会改变。联合国教科文组织在上个世纪 90 年代就对学生发展提出了"四个学会"即"四根支柱"的要求：学会认知、学会做事、学会共同生活、学会生存。新世纪初，联合国教科文组织又提出了第五根支柱，即学会改变。社会在改变，时代在改变，国家也在改变，改变即创新，创新引领改变，改变与创新是时代的主题。学会改变，就是要主动适应社会，并且促进社会的进步，说到底，学会改变就是要改变自己。不论核心素养是怎么规定、怎么表述的，学会改变这一核心要义就包含在核心素养之中。促进学生核心素养的发展，既要求和帮助学生形成较为稳定的核心素养，又要求和帮助学生创新思维品质的提升和探究方式的建构。必备品格和关键能力不是封闭的而是开放的，不是静止的而是发展的，学生正是在这样的核心素养引领下，走向世界，走向未来。认识与把握核心素养，不认识和把握"学会改变"这一实质要义是不行的。

三、核心素养研究、落实中应厘清的问题

一是关于核心素养功能边界的厘清。如前文所述，核心素养很重要，但如果将其功能边界无限放大，似乎它可以带动一切，甚至可以解决一切问题，显然是不现实的。不过问题的另一面，核心素养毕竟是人发展的必备品格和关键能力，是课程改革的宗旨与目的，是教材编写、教学改革、考试评价的主要依据，其功能又是不能低估的，这里就有一个准确定位问题。我们以为，核心素养的根本功能在于统领，它要统领课程改革的几乎所有环节，引领课程改革的深入。有人以为，核心素养是对准国家课程的，国家课程要落实核心素养，而校本课程则不必。这实在是种误解，也有一点可笑。人的素养是个整体，学校课程是个完整的结构，既不能肢解人的核心素养，也不能肢解课程结构，怎能让课程分别对准核心素养和非核心素养呢？我们既不能使核心素养功能边界无限放大，又不能使其狭隘化，核心素养只有在立德树人的整个体系中，与其他因素配合，形成合力，才能发挥其作用，同时，它又必须在整个体系中起核心和统领作用。这就是核心素养功能的合理边界。

二是核心素养与学校研究、落实关系的厘清。自核心素养研究以来，许多学校都在研究校本化的学生核心素养。这说明，核心素养这一命题已引起了学校的高度重视，意在以核心素养引领学校课程改革、学生发展与学校发展，无疑，这体现了学校改革的敏锐性与责任感，是重要的进步，应该予以肯定。不过，随之带来的问题是，学校是否应该制定自己的核心素养呢？这里涉及国家研制的核心素养与学校研究的关系。国家研制的核心素养是"国家标准"，所有学校都必须执行、落实，一如课程标准。假若学校也制定核心素养，势必造成一个国家有许许多多的标准，无形中造成一些混乱，也势必影响"国家标准"的执行与落实。"国家标准"应该统领整个基础教育，学校的主要任务在于对核心素养进行校本化的理解、转化，形成校本化的表达，而不是另外搞一套核心素养。校本化理解，重在领会核心素养的价值、意义，以及具体的规定要求；校本化转化，重在将"国家标准"转化为学校落实的行动计划或方案，落实在课程、教学、评价、管理的各个方面；校本化表达，重在从学校的实际出发，在全面理解、执行的基础上，明确更强调

哪些，需要拓展什么，以更彰显校本特色。这样，国家研制的核心素养既是国家的统一规定，统领全国的课改，又形成校本特色，防止与克服学校教育和学生发展的同质化现象，形成和而不同的文化气象，促进学生自主地、积极地、生动活泼地发展，创新人才培养模式，培养现代化建设的各种人才。

三是关于核心素养与非核心素养等问题的厘清。有不少人提出，既有核心素养，就必定有非核心素养，而且进一步提出，如果没有非核心素养，就没有核心素养。提出这样的问题肯定是合理的，合乎逻辑的。不过，有一个现象值得我们关注和思考：至今为止，几乎没有一个发达国家和重要的国际组织涉及非核心素养研制问题。这是为什么呢？我以为这涉及核心素养的价值与内涵的理解与把握。核心素养的价值、功能，一是根基性——核心素养是人的必备品格和关键能力，是做人的根本，为学生发展奠定基础；二是支撑性——品格与能力是相互影响、相互促进、相互支撑的，品格、能力对人的发展具有支撑；三是生成性——由根基可以生成其他一些素养，共同支撑人的发展；四是可持续发展性。不难理解，正是由于这些特性，核心素养的结构与实施的过程都是开放的，它并不排斥、拒绝其他元素的进入。此外，既是"核心"，它可以生成，可以影响，可以带动，所生成、所影响、所带动的正是紧紧围绕在"核心"周围的一些元素，不妨称其为"非核心素养"。也完全可以说，关注核心素养正是同时在关注非核心素养，因此，并不存在只有核心素养的培养，而缺少对非核心素养的关注，也不会导致作为完整人的素养的残疾。我们不必在核心素养、非核心素养上花过多功夫，不必纠缠。倒是另外一个问题应该引起我们的关注和思考，那就是学生个体核心素养。确实，国家研制的核心素养是针对所有中小学生的，具有共同性和必须性，但是学生都是独立存在的个体，在共同的要求下，不同的学生有不同的发展需求和不同的智能的强项、弱项，因此，对学生发展的个体素养是必须关注的。其实，也不必过于担忧，因为国家研制的核心素养中，已将学生个性发展的要求列入其中，核心素养研制的根本目的，正是促使每个学生全面发展和个性发展。我们应当充分关注，在核心素养落实过程中，每个学生的核心素养是怎么养成的，个性是怎么得到发展的，这才是我们关注的重点。

相信随着研究与实施的深入，还有其他问题会产生，让我们共同关注、研究。

立德树人：核心素养的实质

　　立德树人，是发展中国特色社会主义教育事业的核心所在，是培养德智体美全面发展的社会主义事业建设者和接班人的本质要求。核心所在、本质要求，揭示、点明并阐释了我国发展社会主义教育事业、培养社会主义事业建设者和接班人的根本目的，倘若不以立德树人为根本任务，那么就体现不了我国教育事业发展的核心目的，也就体现不了党的教育方针所规定的培养目标的本质特点，当然也就不能凸显我国教育事业的特色，势必就无所谓教育的中国道路、中国力量、中国声音。

　　自从上世纪 80 年代末以来，我国一直在推行素质教育，而且取得了重大进展。素质教育已成为普遍使用的概念，从口号本身而言，素质教育已深入人心了。但是，需要深思和追问的是，素质教育更为深层次的价值追求和根本目的究竟是什么。尽管我们都明白素质教育是为了学生素质的全面提高，但学生素质发展中的核心素养究竟是什么，也并不是十分准确和清晰。立德树人，把培养人、发展人作为根本目的，作为核心理念；把通过立德树人，让学生成人成才，作为根本和途径，立德树人的根本价值取向是非常鲜明的。因此，立德树人是新时期对素质教育的新要求，素质教育应当以立德树人为根本目的，并在立德树人引领下，更深入地推进。

　　立德树人，首先需要立德。习近平总书记说，国无德不兴，人无德不立。不立德，就不能树人，要通过立德去树人，这是由道德的重要性所决定的。德国教育家赫尔巴特说："道德普遍地被认为是人类的最高目的，因此也是教育的最高目的。"教育首先是道德事业，一如美国教育家内尔·诺丁斯所说，一个在伦理上有考虑的教师，首先是道德教师。道德事业，超越了教育是科学、教育是艺术的认知，科学、艺术，倘若没有道德的充盈和支撑，就不可能是真正的教育；同样地，道德教师超越了学科，所有学科教师都应该首先是道德教师。北京十一学校校长李希贵说得好："教师不是教学科的，是教人的。"

道德这一最高目的，引领着我们去认识以下一些关系。一是道德与幸福的关系。亚里士多德说："幸福乃是在完满生活中德性的实现。"道德应是幸福的灵魂。二是道德与智慧的关系。智慧必须对人类有益或有害的事情采取行动，不对人类有益，再聪明都不能视作智慧或智者。道德是智慧的本质特征。三是道德与法律的关系。孟德斯鸠说，法律是最基本的道德，而道德则是最高的法律。正因此，康德才说："仰望太空，星光灿烂；道德律令，在我心中。"就道德与教育的关系看，首先，道德与人的全面发展。苏霍姆林斯基说："道德是照亮全面发展的一切方面的光源。"蔡元培认为："若无德，则虽体魄智力发达，适足助其为恶。"其次，道德与教学。第斯多惠指出："任何真正的教学莫不具有道德的力量。"其实，这就是教育与教学的关系。赫尔巴特坚定地认为："我想不到有任何'无教学的教育'，正如在相反方面，我不承认有任何'无教育的教学'。"无疑，这些关系的阐释，让我们坚定一个信念：教育的幸福、智慧、依法治校、教学改革都离不开道德，立德在树人中起着关键性的支撑作用。

但是，立德树人，又不只是立德的问题，也不只是讨论道德与树人关系的问题，更重要的是一个探索、建构育人模式的问题。这一模式，具有鲜明的中国特色。中华民族自古以来就非常注重道德在人的发展中的重要性，无论是天下兴亡、匹夫有责，还是仁爱共济、立己达人，还是正心笃志、崇德弘毅，道德始终引领、支撑着人的发展。立德树人是在中华优秀传统文化土壤里生长起来的育人模式。同时，这一模式又应和着世界教育改革的潮流，回应着时代的召唤。教育就是为了育人，立德树人，把教育的宗旨定在人的发展上，这就超越了知识，更超越了分数，甚至超越了能力。让人成为目的，让学生站在教育的中央，让教师与学生都成为学习者，这些都是全球教育共同面临并正在探索的问题。因此，立德树人是面向全球的一个开放的概念。尽管道德的困境成了世界各国的难题，都在探索如何摆脱困境，而我们国家更重视、更突显道德的力量。这一具有中国特色的育人模式，将展现巨大的生成、发展力量，也将展现特有的中国魅力和风格。

落实立德树人根本任务的主要保障

深化课程改革，落实立德树人的根本任务，对课程管理提出了许多新的要求，这些新的要求，也迫使课程管理来一次变革，在变革中适应，在主动适应中提升，为落实立德树人根本任务提供以下主要保障。

第一，进行整体设计，加强统筹，推进教育综合改革。立德树人绝不是某一个方面的任务，只有各个方面形成合力，协同作战，才能真正落实好。为此，《关于全面深化课程改革　落实立德树人根本任务的意见》提出，要加强五个方面的统筹：加强学段统筹——小学、初中、高中、本专科、研究生教育的统筹，上下贯通，把立德树人的任务落实在各个学段中，使之真正成为"根本"任务；加强学科统筹——所有学科都要以立德树人来引领，把立德树人落实在所有学科教学中，尤其是德育、语文、历史、体育和艺术学科；加强环节统筹——课程标准、教材、教学、评价、考试等环节都要以立德树人为根本要求进行改革；加强力量统筹——教师、管理干部、教研人员、专家学者、社会人士都要将立德树人作为自己的任务，齐心协力，为建构立德树人这一育人模式而探索；加强资源统筹——课堂、校园、社团、家庭、社会都应成为立德树人的阵地，开发课程资源，在共同建构的平台上育人。

统筹是一种系统思维，着眼全局，整体设计，形成体系；统筹是一种力量，各种力量、资源统整，形成合力；统筹是一种方法和手段，用统筹的方法和手段，把各种因素整合在一起。立德树人根本任务的提出与落实，要求课程的管理部门，建立统筹思想，加强统筹力度，寻求统筹的有效途径，探索以统筹为特征的立德树人的管理模式。其实，加强这五个方面的统筹，不只是管理部门的事，所有教师既是被统筹的对象，也是统筹的资源，还是统筹的力量，所有教师都应增强意识，积极参与到统筹中去，成为自觉的统筹者。

第二，进行学生发展核心素养研究，使立德树人的根本任务落实到每一个学生发展上。进行学生发展核心素养研究，是世界教育改革的共同趋势。

教育改革面临着新的形势，全球化下人才观的变化、人力资本理论的提出、民主与终身学习理念的进一步确立，提高公民素养，日益成为世界各国教育的共同主题。一些重要的国际组织、世界发达国家和地区，都在着力开展学生发展核心素养的研究。面对新时代、新趋势，尤其是面临着立德树人的根本任务，我国也开展了这方面的研究。

研究学生发展核心素养，促使教育改革、课程改革真正走向人的发展。核心素养的研究、明晰，让课程改革着眼于学生素养的提升，而不是着眼于知识、分数、升学。这样以学生发展为本，从某种意义上说，就是以学生核心素养发展为本。研究学生发展核心素养，促使学生发展走向整体素养的提升。各学科素养的培养固然有利于学生素养的发展，但研究、明晰超越学科、跨学科的必备的共同素养，更有利于学生的整体发展，各学科首先要以学生发展的核心素养为总要求、总任务，这也势必推进课程改革的统筹和课程的综合性。研究、明晰学生发展核心素养，促使学生根基性的素养持续发展。核心素养之核心，在于素养的根基性。根基性具有基础性和根本性，因而核心素养具有再生性和发展性。因此，就中小学生而言，核心素养的研究与明晰，促使基础教育的性质、任务和特点更为凸显。研究、明晰学生发展核心素养，促使学生核心素养更具时代特点，回应全球化及大数据时代对学生素养的召唤，让学生怀着既有中华文化烙印又有时代气息的核心素养走向世界、走向未来。

学生发展核心素养的研究与明晰，主要是专家学者们的任务，但这绝不意味着教师与此无关。苏州市吴江实验小学近三年来一直在研究语文、数学、英语三门学科的"关键性素养"；南京市力学小学近几年致力于学科特质的研究，研究基于学科特质的"关键能力"；常州市武进湖塘桥实验小学以"身体健、智慧脑、中国心、世界眼"为核心领域，研究小学生发展的核心素养，以素质工程来推进素质教育，落实立德树人任务；江苏省锡山高级中学提出学科宣言，其实质是对学科核心素养的高度概括；尤其可喜的是，南京市琅琊路小学关于小主人发展的核心素养研究已有重要成果……这些研究与实践告诉我们，围绕学生发展核心素养，校长、教师是有所作为的。一是要增强意识，课程改革旨在促进学生发展，旨在提升学生发展的核心素养。教师心中一定要有素养发展概念，绝不能只是知识和分数。二是要关注国内外关于核心素养的研究，以此来开阔视野，丰富知识，从中得到启发。三是要从学校课程改革的实际出发，针对问题，进行学生发展核心素养的小课题研究。事实证明，这种校本化的学生发展核心素养的研究更有效。

第三，努力做道德教师，自觉探索道德课堂的建构。如上所述，教育事业首先是道德事业，教师首先是道德教师。道德教师，绝不是上思想品德课的教师，而是要有较高的道德追求和道德水准，用道德的方式进行教育，同时又能根据学科的性质、任务、特点，自觉地进行思想品德教育。道德教师既立足于学科，又超越了学科。同样，道德课堂，绝不是思想品德这一门学科的课堂，而是要求所有学科、所有课堂都要进行道德教育，让道德之光照亮课堂、道德意义之水在课堂里流淌、学生心田里生长出道德绿芽、学生过有道德的生活。江苏省邗江中学近十年来一直致力于道德课堂的建构，取得了可贵的进展和成果，是值得大家学习借鉴的。

道德教师是落实立德树人根本任务的一个重要保障，道德课堂是落实立德树人根本任务的一个重要途径。从另一个角度看，立德树人要求教师首先成为优秀的道德教师，要求所有课堂首先建构成道德课堂。当教师成为道德教师、课堂成为道德课堂时，立德树人的根本任务就能得以落实了。

立德树人引领下的主要教育任务

立德树人，立什么德？树什么人？怎么通过立德去树人？我们必须从理论和实践两方面理解好、把握好、实践好。

首先，要在学校文化建设、课程教学改革中有机融入社会主义核心价值观的教育。

习近平总书记用非常生动的比喻来深刻阐明核心价值观教育的重要意义。他说，核心价值观是凝聚社会共识的最大公约数。最大公约数，可以达成共识，具有强大的凝聚力，团结大家去实现共同的理想。他又说，加强核心价值观教育，就是帮助青少年扣好人生的第一粒扣子，如果第一粒扣子扣错了，剩余的扣子都会扣错。核心价值观的教育关乎学生发展的起步，更关乎学生未来的发展，因此，不仅具有十分重要的现实意义，而且具有重要的战略意义。习总书记又说，核心价值观其实就是一种德，既是个人的德，也是一种大德，是国家的德、社会的德。论述十分精辟、十分精彩。课程改革、教学改革就是要努力地去寻找最大公约数，建构个人之德和社会公德，帮助学生扣好人生第一粒扣子。

寻找最大公约数，找准第一粒扣子，首先要搞清楚什么是价值。大家对价值有许多定义和解释，无论何种解释，有一个问题是和价值紧密联系在一起的：理想。南京师范大学的鲁洁教授说："价值是理想中的事实。"确立起崇高的理想，听从理想的召唤，执着地去追求理想，在理想的光照下去探索、去创造，这就是价值。课程改革就是要帮助学生树立远大的理想，为实现中华民族复兴的中国梦，从现在开始，用自己的努力一步步地去践行。无论是国家层面的、社会层面的，还是个人层面的，社会主义核心价值观都应成为学生共同的理想，成为永远的追求、永远的践行。

社会主义核心价值观应当融入在学校文化建设中。习总书记说，核心价值观是文化软实力的灵魂，是文化软实力建设的重点，它决定着文化的方向，体现着文化建设的最深层次的追求。学校文化建设绝不是几座雕塑、几面墙壁、一座小桥、一座亭子，也绝不是几句口号、几个要求，而应成为学校的文化软实力，具体体现在学校的精神、教育的核心理念、发展的愿景以及师生的风貌和形象中。当核心价值观植入学生心灵的时候，校园里才会闪耀理想的光芒。在社会主义核心价值观的引领下逐步建构起自己学校的核心价值观体系，这是一种深层次的文化建构。

社会主义核心价值观应当融入学校课程建设中。课程是价值观的载体，课程要充分体现并真正落实核心价值观的教育。在国家课程实施时，一要认真开发课程内容中蕴藏着的核心价值观的因素，不要为知识、技能教学所遮盖，而应让其凸显出来；二要有机渗透在教学过程中，在内容中渗透、在结构中渗透、在评价中渗透、在管理中渗透。此外，校本课程开发，要在充分关注学生兴趣、需要，促进学生个性发展的同时，在开发学校和本土文化的过程中，增强核心价值观的引领意识，改进融入和渗透的方式，用生动活泼的方式来呈现和实施。

价值是需要澄清的，不澄清定会造成学生的价值困惑，甚至产生价值错乱和迷失。问题是谁来澄清。既要让学生学会澄清，又要充分发挥教师在价值澄清中的引领作用。教师的引领作用，不仅在知识的学习、能力的培养中，更应在价值观的判断和选择中。教师引领下的价值澄清，才会使核心价值观的融入真正有效、科学。

其次，要进一步加强和完善中华优秀传统文化的教育。

2013年夏天，中央电视台的一档普通节目引起海内外华人的共同关注，几百家媒体予以报道，那就是《中国汉字听写大会》。"汉字""汉字听写""汉字书写"成了当时使用频率最高的词语。这是一种现象，其背后是对中华优秀传统文化的热爱和思考。每一个汉字都是一个中国故事，汉字里满蕴着中华文化的基因，彰显着中华文化的价值和力量。当多元文化、多元价值涌来的时候，当外语教学不断加强的时候，当新媒体、新手段日益成为大家普遍的沟通、交流工具的时候，作为中华文化载体的汉字该怎么办？汉字听写，其实是对中华文化的倾听；汉字书写，其实是对中华文化的书写。听写、书写，成了中华优秀传统文化延续、弘扬的手段，它是一种召唤，也是一种期待，中华优秀传统文化成了鼓舞我们不断前行的力量。余光中在《听听那冷雨》中这么说："杏花。春雨。江南。六个方块字，或许那片土就在那里面。而无论赤县也好，神州也好，中国也好，变来变去，只要仓颉的灵感不灭，美丽的中文不老，那形象，那磁石一般的向心力当必然长在。"的确，中华文化是磁石，是一种向心力，凝聚着中华民族，鼓舞着中华民族。课程改革是离不开汉字的，离不开中华优秀传统文化的；课程改革应当在弘扬中华优秀传统文化中发挥重要的作用。

对中华优秀传统文化，习总书记作了十分深刻的论述。他说："牢固的核心价值观，都有其固有的根本。抛弃传统、丢掉根本，就等于割断了自己的精神命脉。博大精深的中华优秀传统文化是我们在世界文化激荡中站稳脚跟的根基。""中华文化积淀着中华民族最深沉的精神追求，是中华民族生生不息、发展壮大的丰厚滋养。""中华优秀传统文化是中华民族的突出优势，是我们最深厚的文化软实力。"根基，命脉，精神追求，丰厚滋养，突出优势，文化软实力，一个个词闪烁着中华文化的思想光芒，生动、精辟、深刻，这本身就是中华优秀传统文化的无穷魅力，准确地阐明了弘扬中华优秀传统文化极其重要的意义和价值。习总书记用这么一句话作了判断："中国特色社会主义植根于中华文化沃土。"对此，教育应有义不容辞的神圣担当。课程既是文化的载体，其本身又是一种文化，同时承担着文化发展的重任。

以传承和发展中华优秀传统文化为重任，课程改革才会寻找到根基，回归那丰厚的土壤，获得最深刻的精神命脉和最深沉的精神追求，形成中国基础教育课程改革的突出优势，成为最深厚的文化软实力。总之，中国特色的课程改革应根植于中华优秀传统文化的沃土中。

深化课程改革，进一步加强和完善中华优秀传统文化教育，第一，要明确教育的核心：爱国主义教育。热爱中华文化，是热爱祖国的重要表现，热爱祖国就要热爱中华优秀传统文化，国家认同说到底是文化认同。江苏省太仓市明德初级中学有一座吴健雄墓园，球形的墓前，有一水池，池中两根短柱顶端各有一个石球缓缓转动着，它们象征着吴健雄通过实验来验证杨振宁、李政道"宇称不守恒定律"的实验原理模型，圆柱体的斜面上镌刻着墓志铭，最后两句是："她是卓越的世界公民，和一个永远的中国人。"墓园里充溢着中华文化，弥漫着浓浓的热爱祖国的情怀。课程改革就是要让中小学生在中华优秀传统文化的沐浴下，种下一颗颗爱祖国、爱中华的种子。第二，要明晰中华优秀传统文化教育的重点：天下兴亡、匹夫有责的家国情怀，仁爱共济、立己达人的社会关爱，正心笃志、崇德弘毅的个人修养；小学低年级要以培养中华优秀传统文化的亲切感为重点，小学中高年级要以感受力为重点，初中、高中分别要以理解力和理性认识为重点。现在的问题是，如何让中华优秀传统文化滋养、引领课程、教材和教学，如何建设具有中国特色的基础教育课程体系，彰显中国品格和风格。这需要大家共同来研究和探索，校长、教师，还有专家学者是有创造精神的。锡山高级中学、琅琊路小学等不少学校在这方面已经取得了重要进展和成果，因此，我们充满信心，也充满期待。第三，要进一步加强爱祖国、爱劳动、爱学习教育，加强人文素养和审美素养的培养。

探索、建构新常态教育的育人模式

一、新常态教育是回归与超越的统一与融合，其主旨是探索、建构育人模式

新常态教育的内涵相当丰富。

新常态教育是教育的回归。教育改革应当回到教育的本质中去，遵循教育的基本规律，坚守与彰显教育的本义与真谛，呈现教育的常态。

新常态教育又是教育的超越。教育改革应当与时俱进，面向现代化，面向世界，面向未来，回应正在改变着的新时代，追求教育的新内涵、新境界，呈现教育的新形态。

新常态教育不是简单的回归，也不只是意味着超越，而且是在回归与超越的互动中形成，是解构与建构、批判与建设、探索与创造相伴而行的生长过程，是对教育原本常态的追寻、回复，又是对原本常态的创造、发展。因而，新常态教育既具有稳定性，又具有变革性，是稳定中的变革，变革中的新稳定。稳定性，让教育保持安静的状态，去功利主义，去形式主义，有基本规律可循；变革性，让教育保持发展的状态，有新的想象和新的追求。

教育发展的历史正是这样。联合国教科文组织成立五十周年的时候，从联合国教科文组织的历史案卷中挑选出世界公认的教育思想之精华，出版了"联合国教科文组织教育丛书"，其主要意图是在跨世纪的教育改革大潮中，认真总结和吸取半个世纪以来世界教育改革的经验教训。《从现在到 2000 年教育内容发展的全球展望》，是丛书中的一本重要著作，它勾勒出了 20 世纪末教育内容变革发展的主要趋势。书中指出，我们已深切地"感到一种对整个世界现实，特别是对教育现实认识的新觉醒"。接着，中肯地分析了"教育决策者与研究者观念和方法论等发生的一系列新变化"，其中包括"对于淡化学校课程（尤其是与道德等方面教育有关的课程）中过于强烈的意识形态色彩的必要性，人们也有了较充分的认识。人们看到，只有这样，才能更好地培养青年的识别能力"。① 在"结论"部分，报告明确指出，"当代世界性问题的一个重要方面，就是变化的节奏愈来愈快"，"于是，一般教学便担负起提供一个牢固基础的任务，这一基础是一般文化共同主干"，"要求学校不仅能够与变化共存，而且能够培养学生变化"，"是出于这些想法，我们尽可能对将要成为（或）应当成为未来学校教育内容的东西"。② 这样的展望，首先是一种回望。展望是在回望基础上的预想、预判，这样的展望才会更踏实。而展望又让回望更具反思性、深刻性。进入新世纪以来，教育也正是在这样一次又一次的回望、展望中，回归，超越，向前，发展。提出新常态教育是一种历史的必然，既是对过去教育的深刻反思，又是对未来教育的深切把握。新常态教育推动着教育的改革发展，因而新常态教育充满了魅力。

需要追问的是，回归与超越所带来的新常态教育，其主旨究竟是什么？新常态教育的稳定性、变革性，说到底是为了探索并逐步建构起一种育人模式。模式是理论与实践的结合，是理论化的实践，是实践化的理论。当建构起模式的时候，实践有了理论的支撑和深度的理论思考，理论有了实践的支撑和深层的实践探索。进一步说，当育人模式逐步建构起来的时候，培养什么样的人，用什么来培养人，怎样培养人就得到了落实，育人的方向性更鲜明，育人的路径更明晰，育人的效果会更好。新常态教育的主旨就是为探索、建构育人模式，促使新常态教育在科学的、规律的轨道上运行，达到日臻崇高的境界。

---

① ［伊朗］S. 拉塞克，［罗马尼亚］G. 维迪努. 从现在到 2000 年教育内容发展的全球展望［M］. 马胜利，等，译. 北京：教育科学出版社，1996：前言 3.

② 同上：中文版导论 4、5，274.

二、育人：新常态教育的本质，探索、建构育人模式的核心

教育至少包含三种形态：非常态教育、常态教育、新常态教育。三者的分水岭在哪里？最为根本的评判标准又是什么？标准只有一个：是否育人。育人，成了非常态与常态教育、新常态教育的分水岭。人，是教育的目的，育人是教育的核心。尽管这似乎是个常识，不用讨论，更不用争辩，但实际上并非如此。用英国哲学家、教育理论家怀特海的话来说，"最大的悲哀莫过于最美好的东西遭到了侵蚀"。①育人，是世界上最美好的事业。但现实是，它遭到了侵蚀，受到了伤害，使育人——这个教育的常识问题，显得扑朔迷离，甚至发生了迷乱，以至于教育发生了扭曲和异化。新常态教育首先要对这常识——教育的基本问题、根本问题加以厘清。

1. 把育人异化为"育知""育分"的教育是非常态教育

教育是必须传授知识的。知识教育是教育的一个十分重要的任务，新一轮的课程改革也把知识、技能作为课程三大功能和目标之一，因为知识是有价值的。但是，在知识教育中有两个重要问题没有廓清，没有准确把握，更没有在实践中落实好，一是究竟为什么要传授知识，二是究竟以什么方式获取知识。前者是目的问题，后者是方式、手段、途径问题。怀特海早就说过："虽然智力教育的一个主要目的是传授知识，但是智力教育还有另一个要素，模糊却伟大，而且更重要——古人称之为'智慧'。没有一些基础的知识，你不可能变得聪明；你轻而易举地获取了知识，但未必习得智慧。"②接着，他又进一步说，教育的职责"就是把一个孩子的知识转变为一个成人的力量"。他把力量称为"希腊众神之上的命运般捉摸不定的东西"。③至于获取知识的方式，怀特海"断然反对灌输生硬的知识，反对没有火花的使人

---

① [英] 怀特海. 教育的目的 [M]. 庄莲平，王立中，译注. 上海：文汇出版社，2012：2.
② 同上：42.
③ 同上：18.

呆滞的思想"。①

当今教育严重的问题还在于，把知识教育窄化为分数教育，教育从"育知"异化为"育分"，用分数代替了成长，用升学代替了学生的发展，分数、升学率遮蔽了智慧，挤压了思想，驱赶了力量，让"人"淡出、退场，人成了工具，成了知识的碎片。"早上起来得最早的是我，晚上睡得最迟的是我，作业最多的是我，负担最重的是我，是我，还是我"，这样的学生怎能焕发生命的活力，怎能培养起创新精神、探究能力？

分析原因，除了应试教育体制的控制以外，培根的"知识就是力量"的判断，在理论上误导了大家，也是一个重要原因。尽管怀特海认为力量在知识之上，但知识毕竟是有价值的，问题是，把知识不恰当地抬高到让人顶礼膜拜的地位，让学生与教师在知识面前诚惶诚恐，把知识当作唯一，必然让人成了知识的奴仆，教育自然成了"育知""育分"。其实，培根在"知识就是力量"的背后，还有关于快乐获取知识的论述，而我们却忽略了。这种选择性阅读带来的一定是误读和误导。我们要坚决地把教育从"育知""育分"的桎梏中解放出来，回到教育的本质上去，回到教育的核心即人的发展上去。

2. 以育人为核心的教育是常态教育

"人是目的"，这是我们熟知的。许多大教育家都论述过教育与人的关系，不约而同地把促进人的发展作为教育的目的。德国教育家福禄倍尔是其中突出的一位，他论述过"永恒的法则"，并认为"永恒的法则""无论在外部，即在自然中，或在内部，即在精神中，或在两者的结合中，即在生活中，都始终同样地明确和确定"，它支配着一切。这"永恒的法则"是什么呢？他坚定地认为，"人的教育就是激发和教导作为一种自我觉醒中的、具有思想和理智的生物的人有意识和自觉地、完美无缺地表现内在的法则"，并称"人的教育"这一内在法则是"上帝精神"。② 他其实说的是，人是上帝，上帝精神让人成为上帝，而人的教育、人的发展才是"永恒的法则"。

---

①［英］怀特海. 教育的目的［M］. 庄莲平，王立中，译注. 上海：文汇出版社，2012：前言.
②［德］福禄倍尔. 人的教育［M］. 孙祖复，译. 北京：人民教育出版社，2001：5，6.

在这"永恒的法则"的支配下，才有了教育科学、教育理论、教育艺术、神圣生活。观点如此鲜明，论述如此富有逻辑之美。

这才是常态教育。常态教育要求我们：教育要以人为目的，以人为主体，从人的需求出发，让人得到发展。以人为目的，不是以知识为目的，更不是以分数为目的。以人为目的，就是以人的发展为目的，让人成为真正的人，舍此无其他目的。以人为主体，是让人成为教育的主人，使"他人的教育"成为"自己的教育"，并在教育力量的影响下，开发自身生命的创造力，改变自己，塑造自己。从人的需要出发，不只是从社会的需要，不只是从家长的需要出发，而且是从人的发展需求出发把社会的需要与人的发展需要统一起来，寻找人的发展方向，推动人从可能性逐步转化成现实性。这里的"人"，主要指学生。一些学校提出，让学生站在学校、课堂的正中央，正是"人是目的"的具体化、形象化的表达。而这一切最终是为了促进人的发展。

教育的常态，揭示了教育的本质，彰显了教育的核心，追求的是教育的本真和本真的教育。于是，在常态教育面前，我们需要不断追问的是，教育中的"人"在哪里？他们是以什么方式站立的？他们的人性得到尊重、保护了吗？以育人为目的，在很大程度上是为了帮助学生成为具有人性的人。我永远为一个故事所震撼：一位纳粹集中营的幸存者，后来当了美国一所学校的校长。每当有新教师入职，他都送上一封信："我在纳粹集中营里，亲眼看到了人类不应看到的情景：儿童被学识渊博的护士杀死，妇女和婴儿被受过高等教育的士兵枪杀。这一切令我疑惑。我请求您帮助学生成为具有人性的人，只有使我们的孩子具有人性，读写算能力才有价值。"因此，以育人为目的、为核心的教育，说到底就是培育人性的教育，是常态教育。

3. 培育、发展学生核心素养，是新常态教育的本质特征

尽管学生发展的核心素养不是一个新概念，却是一个十分重要的新问题。随着全球化、信息化时代与知识社会的到来，以经济发展为核心，致力于公民素养的提升，已成为世界各国发展的共同主题。随之，一些重要的问题就凸显出来了：现代公民应该具备哪些最基本、最重要的知识、能力与情感态度，才能更好地促进个人自我实现与成功生活，继而更好地推动社会健康发展呢？如何更有效地培养公民的这些知识、能力与情感态度呢？这些

最重要的知识、能力与情感态度怎么体现出本土特点呢？这些问题已进一步转化为当下世界各国教育发展中无法躲避的核心问题。因此，新世纪以来，世界各国和一些重要的国际组织纷纷启动了核心素养的研究与发展计划。新世纪教育必将呈现新的形态。所以，新常态教育是以促进学生核心素养为主题的教育。这是新常态教育的本质特征。

在我国也同样如此。教育部在《关于全面深化课程改革　落实立德树人根本任务的意见》中，把研制、把握学生发展核心素养作为第一件大事，并以此为目标，研制我国的人才规格标准，包括价值取向、素养框架、实施途径、评价方式等。同时，以核心素养为依据，修订课程标准、教材，改进教学方式。我深以为，我们国家的教育体系、育人模式将会发生重大变化。这是教育的重大转型，将建构起教育的新常态，以适应时代的要求，与世界教育改革合流、合拍。

新常态教育与常态教育并不是截然分割的，更不是对立的。新常态教育是常态教育的延续、拓展，其本质没有改变，但是延续、拓展中，教育的目标、内涵、要求发生了变化，教育的政策、制度也会进行相应的调整以便作出新的设计与安排。因此，教育的意蕴、品格、境界等会有新的提升。

新常态教育的主旨在于建构育人模式。毋庸置疑，育人模式首先解决育人问题。不解决育人问题，育人模式建构势必是一句空话。关键是，我们育什么样的人，通过什么事育人。

三、立德树人：新常态教育的根本方向与任务，新常态教育模式是立德树人模式

学生发展的核心素养聚焦在哪里呢？应当聚焦在立德上。

1. 立德树人是新常态教育的根本方向与任务

立德树人是党的十八大提出来的。立德树人是教育改革发展的战略方针，是教育改革发展的根本方向与根本任务。毫无疑问，这也应当是新常态教育的根本方向与根本任务。新常态教育之"新"，就是坚定不移地全面落实"立德树人"这一根本任务，坚持教育改革发展的根本方向，这是根

本的"新"。

"立德树人"是中华民族优秀的文化传统，中华民族历来重视以"立德"来"树人"。《大学》开宗明义地强调，也是朱熹一再称道的"三纲领"："大学之道，在明明德，在亲民，在止于至善。"提倡要"修身齐家治国平天下"，"古之欲明明德于天下者，先治其国；欲治其国者，先齐其家；欲齐其家者，先修其身；欲修其身者，先正其心；欲正其心者，先诚其意……"以"立德"来"树人"，正是对中华民族优秀文化传统的继承和弘扬。所以，"立德树人"是具有中国特色的育人模式。

时代在发展，社会在进步，道德问题成为世界各国的普遍性问题，教育也面临着新的挑战。加强道德教育，坚守道德价值，提升道德水平，成为世界性的共同呼声。改革开放以来，随着多元文化、多元价值观的涌入，我国的道德教育面临着不可回避的严峻考验。如何坚持道德教育，如何坚持通过"立德"来"立人"，成为新时期教育的战略主题。立德树人，是历史的必然，是时代的呼唤，是未来的期盼。中央的这一重大决策，既是对世界教育改革发展方向的回应，对现实教育改革发展的指引，又是对追求和建构中国特色、中国品格教育体系的深沉思考与坚强决心。与此同时，立德树人的内涵、路径也有了新的变化。

2. 立德树人彰显道德的伟大力量

习近平总书记认为，国无德不兴，人无德不立，道德的育人价值是不言而喻的。教育家、哲学家们也有类似的论述。德国教育家赫尔巴特认为，"一个人必须用道德的眼光来观察他在世上的全部态度"，"只有从道德观的美学威力出发，才可能出现那种对美的纯粹、摆脱了欲生的、用勇气与智慧相协调的热情，借以把真正的道德化为性格"。[1]他甚至说，从普遍意义上来说，道德是人类的最高目的，也是教育的最高目的。美国哈佛大学政治经济学教授桑代尔也强调，道德是在经济发展、全球化发展中不可或缺的伟大力量。教育是科学，教育也是艺术。没错，但教育首先是道德事业，教师首先是道德教师。

---

[1][法]赫尔巴特. 赫尔巴特文集3 [M].李其龙，等，译.杭州：浙江教育出版社，2002：127.

道德的力量是育人的力量。苏霍姆林斯基说："道德是学生全面发展的光源。"道德之源不断发出温暖的光，给学生以力量，给学生指明前行的方向。可见，道德不只是道德教育的任务，道德和道德教育应当是促进学生发展的教育。教育，应当让道德之光永远照亮学生全面发展的旅程。学生的全面发展，需要生成智慧。而智慧离不开道德，用亚里士多德的话来说，"智慧就是那些对人类有益的或有害的事情采取行动的能力状态"，其前提是，智慧一定要对人类有益。以德生智，是教育教学的重要命题。学生全面发展，需要增强法治意识，而法律是最基本的道德，道德是最高的法律；用法律支撑道德，用道德滋养法律，法治教育与道德教育密不可分。这也应当是教育教学改革的重要命题。学生全面发展应当是一个幸福的过程，而幸福应当充满道德判断，否则，幸福就会失去评判标准。道德应当是幸福之源，让学生在道德意义生长的过程中获得幸福。通过以上简单分析，我们不难得出一个十分重要的结论：道德是育人的伟大力量，立德树人方针的提出是深刻的，立德树人必然成为新常态教育的根本方向和根本任务。

3. 新常态教育育人模式实质是立德树人模式

立德树人是新常态教育的根本任务，不难理解，新常态教育育人模式实质是立德树人模式。建构这一模式，应厘清一些基本问题。

首先，厘清"立德树人"模式的育人目标。如前所述，新常态教育要以培育、发展学生的核心素养为核心，学生发展的核心素养正是育人目标之所在。学生发展的核心素养可以有诸多建构方式，我认为应当聚焦在社会责任感、实践能力和创新精神上。这三个要点具有鲜明的针对性和长远的战略意义，是核心素养之"核心"，是育人目标的重中之重。目标如此定位，中华民族的未来才会有再次自立于世界先进民族之林的可能。要实现这一育人目标，重要的是从小要做到"三个学习"。一是从小学习做人。习近平总书记说："世界上最难的事情，就是怎样做人，怎样做一个好人。要做一个好人，就要有品德、有知识、有责任。"人、好人，是一个最基本要求，又是一个很高的要求，每一个学生都要学习做人。如果我们都是好人，那么，中华民族必定是优秀的、伟大的民族。二是从小学习立志。习总书记说："志向是人生的航标。……一个人可以有很多志向，但人生最重要的志向应该同祖国和人民联系在一起，这是人们各种具体志向的底盘，也是人生的脊梁。"家国情怀，乃是学生的鸿鹄之志，怀着这样的志向才能挺起脊梁，担当大事，走向世界，走向自己的未来。三是从小学习创造。习总书记说："人世间的一切成就、一切幸福都源于劳动和创造。……需要你们用新理念、新知识、新本领去适应和创造新生活。"联合国教科文组织于2003年提出的"学会改变"，实质是会创造，在改变中创造、在创造中发展自己，推动社会进步。

其次，要厘清"立德树人"的课程模式。立德树人的课程育人模式是丰富多样的，而不是一种模式，但各种模式都是以"立德树人"为核心的。紧紧围绕这一核心，无论哪种课程模式，都需具有一些基本要义。一是建构学校课程的概念。所有课程到了学校便获得一个新的身份——学校课程。学校课程意味着学校对课程要整合，要加强各种力量、资源的统筹。尽管当下这一空间不是很大，却不是无能为力的，其实真正的空间在于自己的创造。二是遵循课程综合化的走向。课程综合有利于减轻学生过重的课业负担，有利于校本课程的开发，有利于学生创新精神、探究能力的培养。课程综合是一种跨界之美，跨界带来了创新。三是加大课程的选择性。有选择才有发展的机会，选择即发展，这是被实践证明了的。课程选择性不只是存在于校本课程，国家课程在内容、要求、方式上也应扩大选择性。四是坚定不移地推进学习方式的变革。学习方式的背后是学习主体确立的问题，让学生与教师都成为学习者；学习方式变革的深处是思维方式的变革，是思维品质的提升。学习方式变革要推动学生学会学习，学会合作，学会探究，学会改变，学会创造。五是鼓励教师成为课程的研究者、创造者。教师是课程真正的诠释者、实现者，也是课程真正的研究者、建构者。课改的深化，更重视教师课程创造，只有教师创造课程了，课程才是真正有效的、有意义的，"立德树人"的根本任务才能真正得到落实。

再次，要厘清"立德树人"的管理模式。要从管理走向领导。这不仅仅是概念的改变，更是理念、内涵、方式的整体性变化。之于管理，领导更重视宏观视野、战略思考、系统建构；更重视专业和科学，寻找理论支撑；更重视自下而上的改革路线，让教师成为参与者、文化建设者；更重视让所有的人都被卷进改革的潮流，人人都可以成为领导者。无论是领导，还是管理，其模式的核心是解放人，让人在解放中有自由感，有创造的激情，焕发创造的潜能。这样的领导，是一种道德领导，是用文化的方式展开的领导。因此，这样的管理模式实质上也是一种育人模式。

"立德树人"管理模式，释放人是这一模式的本质，但在实践中常常发生一些猛烈的碰撞，以至成为悖论。规范与释放就是其中一个难题。从理论上看，这一命题涉及规范伦理学和德性伦理学方面的关系。应当承认，人生活在社会中，需要规范，如黑格尔所言，秩序是自由的第一条件；如涂尔干所言，正因为规范可以教会我们约束和控制我们自己，所以规范也是释放和自由的工具。问题是需要什么样的规范，规范是为了什么。有学者批评了规范伦理学，不过，紧接着又解释："这里对伦理学的批判仅仅是警告性的。"之所以要批判，是在规范的旗帜下，我们"看不见生活的美丽之处而只看见了却不难看的'效用'"，"剥夺了人性的光辉"。① 之所以是"警告性"的，是因为批评、批判不是否定，而是校正，那就是当规范为人的释放服务时，这种规范是真正有价值的。此时，对规范的尊重，实质是对人性的尊重，是对创造的尊重。

还有不少问题需要厘清，以上三方面对于建构"立德树人"模式是最为重要的。

新常态教育不是自然来到的，是人们顺应时代要求，把握并遵循规律而创造出来的。因此，新常态教育，新常态教育的育人模式，需要有新追求、新动力、新担当，从而进入新境界。新追求、新动力、新担当，是对"立德树人"模式的完善、丰富，使之不断成熟，育人更有方向感、时代感，更贴近学生实际，更有成效。这样，"立德树人"定会迈向育人的崭新境界。

---

① 赵汀阳. 论可能生活［M］. 北京：中国人民大学出版社，2010：10，11.

核心素养之"核心"

　　中国学生发展核心素养，以课题组的名义发布后，引起了教育界乃至社会各界的高度关注和广泛讨论，以"核心素养"命名的文章以及论坛研讨会等越来越多，理论工作者、科研工作者，还有校长、教师都从各自的角度加以研究，发表了一些看法，其中有困惑，也有质疑。能引起充分关注和广泛讨论，本身就说明核心素养这一命题的意义和价值，也说明中国教育改革的开放程度、参与程度、民主程度越来越高。关注、讨论，其实是一种深度思考，也是一种满满的期待。这是令人高兴的事。

　　与此同时，对一些颇感困惑的问题，尤其是对一些质疑，我们不能不正视，不能不作出清晰的应答，因此，对核心素养我们应当有一个明朗的基本态度。这一基本态度应当是两方面的。一方面，有关学术问题、理论问题可以深入讨论、研究，发表不同的观点和意见。中国学生发展核心素养发布时就明确表示，"要广泛听取意见，在实践中不断完善"。另一方面，绝不能以学术讨论、不同理论流派来怀疑甚至否定中国学生发展核心素养，也绝不能以此影响课程改革的进程，影响地方和学校的实施。当下，我们的主要任务是深入学习、深刻理解、更准确地把握核心素养的根本要义、主要精神和基本要求等，端正课程改革、教育改革的方向，从存在的问题出发，研究和寻找核心素养落地的载体、途径、方式等，以核心素养引领课程改革、教学改革的深化，促进学生核心素养的发展。在这一过程中，对中国学生发展核心素养需要讨论的问题，提出改进的建议或意见，使之日臻完善。

　　这应是我们对待核心素养的积极态度。在此前提下，对以下问题应通过讨论来逐步澄清。

一、学生的全面发展——核心素养之核心命义

讨论学生发展核心素养不能离开人，不能离开学生，因为核心素养是关于人的，是为了人的，是人自己培育、发展起来的。老子在《道德经》中非常明确地说："故道大，天大，地大，人亦大。域中有四大，而人居其一焉。"人和道、天、地共同构成域大，因为人不仅能承天接地，而且能够体现道。康德也早就指出，人永远是目的，不是手段，不是工具。马克思则认为，"人是人的最高本质"。苏霍姆林斯基说，"在我们社会的旗帜上清楚地写着：人是最高价值"。毋庸置疑，以人为中心，促进学生全面发展，应当是核心素养的核心命义；落实核心素养，根本目的是促使教育转向人、聚焦人、发展人，落实立德树人的根本任务，从根本上解决培养什么人、怎样培养人的问题。因此，研制、提出的学生发展核心素养是教育的风向标，这是核心素养对我们最具战略意义的召唤。

必须承认，当下的教育还没有从应试教育的桎梏中彻底摆脱出来，以知识为导向、以分数为主要评价标准、以升学率为根本目的的现状还没有彻底改变，这是需要下决心突破的。坚持以核心素养为导向，就是需要我们坚定教育改革的价值方向，需要我们有冲破制度障碍的勇气。这就要求我们真正转变教育理念，首先改变自己，同时要确立一个信念：遵循规律，坚持科学方法，必定能提高教学质量，必定能经受住各种考试评价的考验。我们一定要克服这样的现象：面对核心素养，口头上说"好"，可心里面怀疑，态度上犹疑，行动上迟疑；更要警惕错误地仍把知识、分数、片面追求升学率当作核心素养，当作教育的根本任务。促进学生全面发展这一根本命义不能忽略，更不能丢弃。

二、培养学生创新精神、实践能力——核心素养之核心价值

纵观世界上发达国家和重要国际组织所研制和发布的学生发展核心素养，几乎都将培养学生的创新精神和实践能力作为重点或关键，作为核心

价值来追求。在《国家中长期教育改革和发展规划纲要（2010—2020年）》中也明确将此作为培养重点。这次发布的中国学生发展核心素养，这一核心价值体现还是相当鲜明和充分的。一是将"实践创新"作为六大核心素养之一，并用"劳动意识""问题解决""技术应用"三个基本要点来支撑。二是将创新精神、实践能力分布于基本内涵和核心素养的要求中。比如，在"科学精神"这一核心素养中，分别提出"理性思维""批判质疑"和"勇于探究"三个基本要点；在"学会学习"这一核心素养中突显了"勤于反思"的基本要点。三是对创新精神和实践能力的主要表现进行了具体描述，比如，"具有问题意识"，"能独立思考、独立判断"，"能多角度、辩证地分析问题，做出选择和决定"；比如，"具有好奇心和想象力"，"能不畏困难，有坚持不懈的探索精神"，"能大胆尝试，积极寻求有效的问题解决方法"；比如，"能依据特定情境和具体条件，选择制定合理的解决方案"，"具有在复杂环境中行动的能力"，"能将创意和方案转化为有形物品或对已有物品进行改进和优化"；等等。

显然，在中国学生发展核心素养中，创新精神和实践能力这一核心价值是凸显的、具体的，而且具有中小学生的发展特点，具有时代的色彩。中国学生发展核心素养已与世界上发达国家和重要国际组织站在同一平台上了，可以和世界各国进行对话。因此，不能因为没有出现"批判性思维"等词语，就认为我们是落后的。相反，将创新精神、实践能力分布在各个方面，从不同角度提出，才能真正得以落实。

创新精神、实践能力这一核心价值，不仅对课程改革、教育改革提出了要求，而且犹如高挂上空的一盏明灯，给予课程改革、教育改革以价值关怀，发出理想的召唤。实施核心素养需要落地，但不能不仰望天空。倘若只为了寻找地上的六便士，就不会有时间仰头张望天上明洁的月亮。陶行知也早就说了，我们需要粮食，更需要水仙花。愿这盏明灯照亮课程改革、教育改革的行程。

三、综合性——核心素养的核心特征

中国学生发展核心素养刚发布时，有人认为，这不是"核心素养"，而是"综合素养"。"核心素养"与"综合素养"当然是有区别的，但一定也是有联系的。这样的质疑，自然让我们有了一个更深入的思考，那就是综合性是核心素养的本质属性，或称核心特征。

欧盟等组织的研究告诉我们，理论也告诉我们，核心素养是知识、能力和态度的综合体现。核心素养的形成离不开知识，离不开能力，也离不开态度、情感、价值观等，但单一的知识、单一的能力、单一的态度等，亦即如果它们处在孤立的、分离的状态，是不能形成核心素养的。反之，让它们产生联系，使之整合，就会形成合力，形成核心素养。不言而喻，综合性是核心素养的本质属性、核心特征。这一特征其实是不难理解的。其一，综合是人存在和发展的状态。核心素养存活于人身上，而人是一个整体，知识、能力、态度等在一个人身上往往处于综合的状态，而绝非孤立的、分离的状态。事实上也如此，知识、能力、态度等在同一个人身上怎么可能是孤立的、分离的？同样的道理，所谓先天的素质和后天的素养哪能分得这么清？通过整合后的知识、能力、态度等形成一个整体，才可能促进人的整体发展。其二，综合是世界存在和发展的方式与状态。世界上的万事万物看起来是各自存在的，其实是相互关联、相互连接的，唯此，世界才有力量。比如，知识的发展，一开始是综合的，后来分化了，以后又综合了。综合—分化—综合循环往复，知识发展了，知识最终会以综合的形态呈现。知识发展本身如此，能力、态度与知识的关系亦如此。由此，一个人就是一个世界，在这世界中各种元素是综合的，核心素养也应是综合的。其三，综合是课程改革的走向。课程的综合不仅有利于对有限时间的充分利用和开发，更有利于学生创新精神、实践能力等核心素养的发展，因为创新常常发生在课程的交叉地带、边缘地带。正因为此，绝不能将核心素养简单地与学科一一对应，而是每个学科对核心素养作出整体应答，以课程的综合状态回应核心素养的综合性特征。

综上所述，从某个角度去看，将核心素养称为综合素养并不错。当然，我们还应从众多的综合素养中进行遴选和提炼，形成核心素养。这样的质疑深处，实际上还存在另一个问题：核心素养的基础性问题。我有个看法，那就是不要把基础性或者说根源性从核心素养的综合特征中排除出去。核心素养犹如支柱，支撑着学生发展，同样，基础性或根源性也支撑着核心素养的形成与发展。但值得我们重视的是，核心素养绝不能面面俱到，失缺"核心"要义。在这方面我们仍有修改的空间。

四、个性发展——核心素养的题中应有之义

也有人曾这样质疑：核心素养是指向所有学生的发展，具有共同性，是必备的、关键的，会不会造成教育的同质化？假若如此，教育岂不是又回到千校一面、千人一面的状态去了吗？质疑是正常的，用心是好的，但不必过虑。

这涉及一个问题，即中国学生发展核心素养是否提倡并促进学生个性发展。与创新精神、实践能力核心价值一样，个性发展是核心素养的题中应有之义。从心理学的角度看，个性是创新精神培养的前提，学生个性得不到发展，创新精神必然得不到发展；而核心素养已将创新精神置于核心价值位置，必定重视学生发展。在核心素养中，这两者是融合在一起的。因此，从核心素养的内涵及基本要点看，确实闪耀着鼓励学生个性发展的光芒。从伦理学的角度看，鼓励学生个性发展，培养创新精神，学会创新，学会创造，是教育的重要目的和任务，是教育的道德责任之所在。核心素养必须担当起这一重大责任，责任的缺失，个性发展的淡薄，创新精神的缺失，将会影响民族的未来。核心素养将"必备品格"界定为内涵，不仅为"关键能力"把握价值方向，而且也正是道德责任的自然体现。

再从实施的角度看，核心素养落在不同的学校，不同的学校将会有校本化的理解和表达，将会从学校的历史文化传统、现实状况和未来追求，对学校教育核心理念进行再提炼、再提升，对学校资源进行再整合、再开发，对学校课程体系及其实施方式再梳理、再完善。这一切都是校本化的过程，是个性化的创造过程。好比同一个课程标准，同一本教科书，同一主题的活动设计，不同的教师将会呈现不同的风格一样，核心素养在不同学校的落地，一定是千姿百态、丰富多彩的。其间，学生的个性发展必然在不同情境中受到积极的影响。

至此，我们可以得出一个结论：鼓励学生个性发展是核心素养的题中应有之义，担心核心素养因其有共同性，就导致教育的同质化，阻碍学生个性

发展，是多余的，也是一种误解。不过，任何质疑都是一种提醒和建议。同样，关于同质化的质疑将会引起大家足够的重视，寻找修改的空间，使之更清晰更充分；引起对实施路径变革的重视，将更注重自下而上的改革路线，更尊重和鼓励学校和教师的创造性，更提倡学校特色的形成。对此，我们已经有了很好的开始，也有了一定的经验，我们的期待是积极乐观的。

五、实施核心素养中几个具体问题的讨论与澄清

关于"主科"与"副科"的问题。这是个老话题，早就被澄清了——课程世界中任何课程都是平等的、同样重要的，不能将课程分主次、分轻重。但是，在核心素养讨论中仍然有人，尤其是校长坚持"主科"与"副科"的区分，其主要原因是考试升学制度方法的制约，应试科目是"主科"，考核科目当然就成了"副科"。校长有自己的苦衷，升学率压力过大，这是客观事实，是可以理解的，但是，关于理想的价值暂且不论，这一认识在理论上是荒谬的。核心素养具有综合性，需要所有课程共同努力，形成合力。在育人这一总目标的引领下，所有课程都要从各自的性质、任务特点出发，发挥培养核心素养的独特功能，它们都是等值的。这就带来另外一个问题，即核心素养不是与学科一一对应的，它是面向所有学科的；所有学科都要从核心素养的要求中明晰自己的任务。让"副科"在核心素养的实施中消失吧。

关于工具和功力问题。工具的使用与创造已引起各个国家和国际组织的重视，工具素养也已列入学生发展核心素养之中，为学生提供工具和平台业已成为课程改革深化的又一新的切入点和重点，用工具撬动教学改革正在成为较为普遍的研究课题。但是，何为工具，工具何为，工具如何使用等问题还不是很清楚的。当然可以在实践中探索，不过理论研究的滞后会影响实践的深入，我们必须加强研究。其中有一点值得大家注意，那就是在使用工具的同时，不可忽略自己功力的锻造。工具是物质的，是手段，是技术，而功力则是关乎人的，工具的功能、价值是在人使用中开发和呈现出来的，有什么样的功力，就会有什么样的工具价值水平；而且功力的提升可以改进、创造工具；功力也应在工具使用中进一步提升，因此，功力应当永远是第一位的。

关于学习方式与学习活动问题。学习方式的变革已基本形成共识，也有了一些进展。但学习方式不是孤立的，它应落实在学习活动中，在学习活动中变革学习方式。学习活动为学习方式变革提供学习情境，让学习方式变革在学习活动中经历一个过程，学习活动之于学习方式的变革至关重要。教学过程实质是学习过程，教学活动实质是教师引导下的学习活动，应当用学习活动串起教学过程。也正是在学习活动中学习方式的变革得到落实，显现并提升其应有的价值。当下，我们对学习活动的研究是不够的，应当进一步加强。

必备品格与关键能力

——对核心素养中道德价值的再认识

中国对学生发展核心素养有自己的界定:"主要指学生应具备的,能够适应终身发展和社会发展需要的必备品格与关键能力。"这是学生发展核心素养的中国表达,表明了中国立场。

如果作一文献搜索和梳理,不难发现,国际上对核心素养内涵的界定与中国表达是有差异的,或界定为能力,如日本;或界定为技能,如美国;或界定为知识、能力、态度的综合体现,如欧盟组织……这自然引起一些人的质疑和讨论:中国表达的是学生发展核心素养吗?在"能力"前加上"品格",而且如此凸显,有必要吗?显然,这是一个关涉到理论与实践的问题,其背后或深处是一个关于对人全面发展的理解问题,尤其是如何再次认识道德及德育改革价值地位的问题亟须讨论与澄清。

一、"必备品格"与"关键能力"是一个极具理论与实践张力的结构,彰显的是崇高的道德价值

无需对品格和能力两个概念作出界定,但可以十分肯定地对两者的关系作出基本判断:品格和能力可以独立存在和使用,而在实践中,却总是自然地联系在一起,形成一个结构。这一结构充满着张力。正是这一结构的和谐性才促使人有整体性发展,进而形成完整的人格。

毋庸置疑,能力是十分重要的。于 1996 年由 21 世纪教育委员会向联

合国教科文组织所提交的报告《教育——财富蕴藏其中》，就明确每个人一生中的四根支柱："学会认知，即获取理解的手段；学会做事，以便能够对自己所处的环境产生影响；学会共同生活，以便与他人一道参加人的所有活动并在这些活动中进行合作；最后是学会生存，这是前三种学习成果的主要表现"①。报告将这四种学习界定为"学习能力"，并指出"教育必须围绕四种基本的学习能力来重新设计、重新组织"。②可见能力之重要。《国家中长期教育改革和发展规划纲要（2010—2020年）》中也非常明确地提出，教育教学改革要以"能力为重"，着力培养学生的学习能力、实践能力和创新能力。以能力为重，就是要以能力为导向，坚定地摆脱知识导向，由知识转化为能力。值得注意的是，这一重要转向至今还未真正实现，中国学生能力薄弱是不争的事实，能力为重的改革之路只是开始，还会在艰难中前行。

但是，在讨论增强学生能力的同时，还有以下问题我们必须充分予以关注并努力地逐步解决。

其一，能力不能脱离道德品格而存在，能力必须在一个完整的道德品格与能力的结构中发挥作用。联合国在强调四种学习能力的同时，没有忘掉道德的重要。那份报告的观点十分鲜明："把德育放在突出地位。"③联合国教科文组织在报告准备之时，正值人类面临着由战争、犯罪、贫困所造成的种种不幸，"而在过去的老路和另择新路之间彷徨的时候，让我们向人们提供另一条路，这条路将重新强调教育的道德文化层面"；这是一个艰难历程，"这一历程需要从了解自我这个'内心的航程'开始"。④从表层看，能力是可观察可测量的，是冰山裸露在水面上的那部分；从深层看，情感、态度、价值观则沉潜在水的下面，不易发现，而且很容易被忽略。不易发现，绝不意味着它不存在，也绝不意味着它不发挥作用。"冰山模型"明确无误地告诉我们，能力与道德品格是一个整体，是一个相互依存的完整结构，只重能

---

① 教育——财富蕴藏其中[M].联合国教科文组织总部中文科，译.北京：教育科学出版社，1996.

② 同上。

③ 同上。

④ 同上。

力不重道德品格是不可能的，否则会破坏这一结构，丢弃道德品格，其后果必然影响学生核心素养的培育和发展。

其二，在这结构中，道德品格与能力不仅相互依存，而且相互帮助、相辅相成，更重要的是道德品格对关键能力的价值引领。道德品格与能力不是一个并重的问题，而是有一个前提，这个前提就是道德品格。我们常说，科技是一把双刃剑，能力同样如此。能力既可以为他人、为社会做好事，也完全可以做坏事。纳粹分子不少是哲学博士，能欣赏高雅音乐，会弹钢琴、拉小提琴，但他们举起屠刀发起战争，屠杀无辜的人们，把妇女儿童关进毒气屋……他们的能力不可谓不强，但这样的能力绝不是我们所需要的。同样，当下的那些犯罪分子，智商不可谓不高，技术不可谓不先进，但绝不是社会与法律所容忍的。因此，能力有个价值方向问题。道德品格正是对能力进行价值判断，对能力进行价值定位，是对能力的价值滋养。能力不能离弃道德品格，道德品格也需要能力的支撑。假若道德品格缺失能力的支撑，那么，这样的道德是空洞的，甚至是虚无的，是没有魅力可言的，当然是无效的。严格说来，道德品格本身也包含能力，那就是道德能力，即认知能力、情感能力与实践能力。我们既反对无道德的"强人"，也反对无能力的道德空谈家。品格与能力应统一起来。

其三，品格与能力的结构体现了中华优秀传统文化的伦理道德的底色与本色。中华优秀传统文化的底色与本色是伦理道德文化。习近平总书记提出的"国无德不兴，人无德不立"正是中华传统文化的经典表达。习总书记在中共中央政治局第三十七次集体学习时又强调："法律是准绳，任何时候都必须遵循；道德是基石，任何时候都不可忽视"，"必须坚持依法治国和以德治国相结合，使法治和德治在国家治理中相互补充、相互促进、相得益彰"。这些论述完全是中华传统文化的精髓所在。《道德经》云："道之尊，德之贵，夫莫之命而常自然。"尊道贵德表现了老子的智慧，表现了中华传统文化的智慧。无论是孔子的"仁者爱人"，还是墨子的"非攻""兼爱"，或是孟子的"四端"说，它们都以历史的方式，昭示着今天人的发展，昭示着道德品格与能力的关系。完全可以认定，"必备品格"与"关键能力"的完整表达，彰显的是中国智慧，标志着文化上的回归与进步。这是中国教育的一种自信。

也许这是与国际上有关核心素养表达的差异。不过，仔细考察，由于道德困境带来的道德焦虑，有的国家也注意在突出能力的同时，进行修正和调整，比如新加坡，核心素养中十分强调乐于奉献、心系祖国等基本要求。这从一个方面说明，"必备品格与关键能力"也是具有普遍意义的。确实，品格与能力统一的结构充满张力。

二、"必备品格"与"关键能力"相统一的实质，是通过立德来育人，真正落实立德树人的根本任务

立德树人是深化课程改革的任务，也是深化整个教育改革的根本任务。立德树人是具有中国特色的育人模式，这一模式的核心是育人，而所育之人必须具有必备品格，又必须具有关键能力，这样的人才是完整的人。无疑，必备品格与关键能力的相统一、相融合，是立德树人的应有内涵，是落实立德树人根本任务的重要途径和方式。说到底，必备品格与关键能力相得益彰的实质是立德树人。

立德树人，首先是树人问题，这是立德树人的核心与宗旨。立德树人要树完整的人，身心健康的人，和谐发展的人。必备品格与关键能力恰似"人"的一撇一捺，支撑着人的发展。孔子曰："知者乐水，仁者乐山。知者动，仁者静。知者乐，仁者寿。"在儒家文化中，人格的完善需要两个重要的向度，一是智，一是仁。孔子将智与仁相提并论，其意十分清楚。我们可以对孔子的论述作出这样的阐释：智，指的是能力，因为智慧总得有落脚的地方，这落脚的地方是能力；仁，指的是道德品格，主要是仁爱之心。这样的并论，其实也是一个结构，二者相互映照，相互关怀，相互支撑，达到立德树人的"树人"要求。核心素养可以有不同的维度、层次、具体表现，但都必然会聚焦于必备品格与关键能力上。

其次，立德树人强调的是通过立德来树人。为什么要强调通过立德来树人？这一命题标明的是对道德在人的发展中重要价值地位的深度认知和高度肯定。德国教育家赫尔巴特在论述教育目的时说，道德教育是教育不允许回避的目的，"我们可以将教育唯一的任务和全部的任务概括成这样一个概念：道德"。他又说："道德，普遍地被认为是人类的最高目标，因此也是教

育的最高目标。"① 既然是最高目标，就必须以此来育人，这应是确信的。苏霍姆林斯基认为，德育在全面发展中占主导地位，他说："培养全面发展的、和谐的、个性的过程就在于：教育者在关心人的每一个方面、特征的完善的同时，任何时候也不要忽略这样一种情况，即人的所有各个方面和特征的和谐，都是由某种主导的、首要的东西所决定的……在这个和谐里起决定作用的、主导的成分就是道德。"然后，他紧接着表达："形象地说，道德是照亮全面发展的一切方面的光源。"② 决定的作用、主导的成分、照亮一切方面的光源，都是在深刻而又生动地阐释一个道理：立德可以树人，应以立德来树人。同样，习近平总书记在政治局集体学习时强调："以德修身、以德立威、以德服众"。虽然是对领导干部提出的要求，但同样适用于学生的发展。可见，立德树人本身，就强调了道德品格对于关键能力的价值规定和引领作用。由此，也完全可以认为，强调对必备品格价值地位的确信是国际教育改革的共同追求。

再次，立德树人的"立德"，首要的是培育和践行社会主义核心价值观。社会主义核心价值观是立德树人根本任务的灵魂。社会主义核心价值观就是德，既是个人之小德，又是社会、国家之大德。培育、践行社会主义核心价值观就是帮助学生扣好人生第一粒扣子。习近平总书记的这些论述通俗而精辟。之所以说是灵魂，之所以是人生第一粒扣子，是因为社会主义核心价值观在学生核心素养发展中起着价值引领的作用，学生发展核心素养是社会主义核心价值观的具体体现，学生发展核心素养为的是培育、践行社会主义核心价值观。第一，社会主义核心价值观为学生核心素养规定了价值目标。这一价值目标就是既满足个人终身发展需求，又满足社会发展需求，这两种价值取向统一在一起。第二，社会主义核心价值观为学生核心素养进行价值澄清和价值引领。学生核心素养发展的过程就是价值提升过程，在提升过程中要在价值澄清的基础上进行价值引领。第三，社会主义核心价值观为学生发展核心素养规定了价值秩序。价值观涉及理想，而理想呈现不同的方向与内

① 赫尔巴特. 论对世界之审美描述是教育的首要工作 [M] // 李其龙，等，译. 赫尔巴特文集（教育学卷二）. 杭州：浙江教育出版社，2002：177.

② 苏霍姆林斯基. 给教师的建议 [M]. 杜殿坤，译. 北京：教育科学出版社，1980：158-159.

容，有序地进行价值选择，又以价值建立道德成长、能力发展的秩序。

立德树人这一根本任务，解决的是培养什么样的人和怎么培养人的问题。而必备品格与关键能力正是对这两个问题的回应。从立德树人的高度审视，必备品格的引领、关键能力的支撑是多么重要。

三、"必备品格"与"关键能力"相统一，应坚持知行统一、学思结合的原则，突显道德实践

"必备品格"与"关键能力"的相互依存、相互支撑、相辅相成，要遵循一定的原则和行动关键点的支持。我以为，最为重要的原则和关键应是知行统一，而和知行统一联系在一起的是学思结合。

"知者行之始，行者知之成"是明代思想家王阳明的观点，此话出自《传习录》。大家都知道，知、行是人的两类基本活动，也是中华优秀传统文化中的两个重要概念。知既是对外部世界的感受所觉，也指智慧。知不只是指知识，而且指知识获取的方式，以及由知转化智的过程。可以这么去理解：必备品格与关键能力的结合、统一，其中包括道德品格对能力的价值引领，实为一种智慧，而智慧又以知识为基础，以知识为起点。"行"，"本指道路，引申为行走，再表示行为。……指各种实践活动。"[1]实践出真知，其中的"实践"指的是行动，其中的"真知"指的是能力，也指人的品格。无论是道德品格养成，还是能力的提高，都离不开"行"，离不开实践。核心素养就是在丰富的、真实的、复杂的情境中体验、探究而养成的，是在跨界的学习和实践中发展起来的。行，对于核心素养特别重要。

"知"与"行"又是不可脱离的。朱熹说："知行常相须，如目无足不行，足无目不见。"[2]其义自见：知行必须结合，必须统一，结合、统一的结果是"知者行之始，行者知之成"。而知行的脱节、分离，甚至对抗，当然不能建构人的道德品格，也不能建构人的能力结构。知行结合的命题跟必备品格与关键能力这一命题如此契合、熨帖，可见，是必备品格与关键能力形

---

① 朱小健.知者行之始，行者知之成［N］.光明日报，2016-12-30.
② 黎靖德.朱子语类：第1册［M］.北京：中华书局，1986：148.

成的关键所在。值得高兴的是，当下，知行结合，促进核心素养发展，已有一些积极、有效的探索。如杭州市上城区教育局，提出"行走德育"的行动计划，就是在核心素养的引领下，让学生在社会中行走，开展道德学习、道德实践，形成"行走德育"的地图，促进道德认知与道德实践的结合，促进必备品格与关键能力的形成与提高。

　　知行结合折射的是学思结合，尤其是思维。杜威对学习的重要判断是："学习就是要学会思维。"紧接着他又说，在所有的教育事项中，"至少要有一种有意识的目的，亦即要有一个思想的因素。否则，实际的活动是机械的、因循守旧的，道德也要流为轻率的和独断的，美的欣赏就会成为感情的冲动"。① 学会思维、培养思维品质是核心素养的应有内涵。学与思的结合、知与行的结合，用思维来伴随和穿行，在道德实践中，提升必备品格与关键能力的深度。

　　"必备品格与关键能力"的表述，把我们的视野引向核心素养引领下对道德价值的再认识，突显道德价值的引领作用。这一具有中国特色和中国智慧的结构，将会促进学生必备品格与关键能力的提升，促进核心素养的发展。

---

① 杜威.我们怎样思维·经验与教育［M］.姜文闵，译.北京：人民教育出版社，2005：21.

核心素养的"根基性"

核心素养的研究，关涉到许多领域，其复杂性可想而知。和许多重大研究一样，如果能准确把握其中的关键，复杂程度也许会降低一点。那么，核心素养的关键是什么呢？是对核心素养"核心"的理解和把握。

所谓"核心"，指向事物本质，对事物全局起支撑性、引领性和持续促进发展的作用。从这一角度来理解，我以为，核心素养之"核心"应当是基础，是起着奠基作用的品格和能力。"核心"的基础性决定着核心素养的内涵、重点和发生作用的方式。因此，完全可以说，核心素养就是基础性素养。基础性是核心素养的最根本特性，把握住基础性才能把握住核心素养研究与发展的命脉。

基础性是核心素养的"核心"这一论断，可以从几个方面去认识。

这是由基础教育的性质和核心任务决定的。基础教育是为学生发展打基础的教育。基础是不可替代的，也是不可超越的。它的这两种特性，决定了中小学生核心素养应当坚定地着力于基础，着力于基础性素养。把握好这一点，有助于基础教育守住自己的边界，绝不能盲目"抬高"任务，好高骛远。基础教育一旦忽略了基础，哪怕只是一点点的轻慢，都有可能偏离基础教育的性质和任务。这样，核心素养从基础教育的性质和任务中获得依据，反过来它又保证了基础教育性质和任务的实现。

这是由基础的特性所决定的。长期以来，基础总是与发展相隔绝，也总是与创新保持着线性的关联。这完全是对基础的误读。其实，基础内蕴着发展，基础应当认作是发展性基础，打好基础本身就意味着发展。必须重新定义基础，让发展、创新大踏步地走进基础，成为基础的应有之义。

目前，研究并明确学生核心素养是国际教育发展和课程改革的共同追求和趋势。从他们的研究来看，核心素养不约而同指向了基础性素养。联合国教科文组织于 1996 年发布的报告《教育——财富蕴藏其中》，界定 21 世纪公民必备的素养是学会认知、学会做事、学会共同生活、学会生存。几年前，加拿大形成的核心素养，他们称之为"九大基本核心技能"，即阅读能力、写作能力、文档应用能力、数学能力、计算机应用能力、思考能力、口语交际能力、与他人共事的能力、持续学习能力。这些素养都是基础性、基本性的。

在认识基础、基础性素养特性时，我们要注意：第一，基础是一个整体性概念，涉及方方面面，不应误以为既然是核心素养，就只能是那么几点或几条，一旦多了，就不是核心素养了，对此不必过虑。第二，基础本身是一种价值形态，坚持核心素养的基础性，抑或坚持核心素养就是基础性素养，正是坚持素养对学生发展价值的认同和追求。第三，基础虽是不可替代、不可超越的，却是可以再生的，可以再生出带得走的知识与能力。第四，我们应当建构这样的认识：基础性素养把学生带向未来，从某个角度看，基础性素养就是学生未来应该具备的素养。

不过，值得注意的是，基础的内涵绝不是一成不变的，而是随着社会的发展、科技的进步，应和着时代的要求，应答着世界的挑战。一如联合国教科文组织在提出"四个学会"以后，于 2003 年又提出了"学会改变"的基本素养，并将其视为终身学习、终身发展的第五支柱。他们认为，学习不仅可以适应改变，也能创造改变；学习是一种适应的机制，但也具有引发改变的能力。我们可以这么去认识，基础不仅是适应的机制，也应有引发改变的能力。由此，基础性素养的内涵在改变，尤其是创新素养，信息、媒介与技术素养，人际关系、跨文化和社会的素养等，都应成为基础，都应是核心素养中的有机内容。

这点特别重要。长期以来，我们对基础的认知存有偏差，误认为基础只是基础知识、基本技能，而且常常以基础的稳定性掩盖并否定基础的发展性。当我们在认识、发现基础内蕴着发展、创新元素的时候，千万不能忽略，这些内蕴的发展、创新元素还需要开发，同时还需要丰富，否则，它们就会悄然老去以至死去。正因为此，我始终认为，核心素养是一个发展的概念，既可以表述为"学生发展核心素养"，还可以表述为"学生核心素养发展"，总之，"发展"二字不能省略，"发展"应是核心素养的生命力之所在。

当然，还有一个相当重要的问题：怎样打基础，以什么方式打基础？方式常常被称为解决问题的钥匙。合理方式的坚持运用，就会形成文化行为模式，而文化行为模式的改变，带来新的发展和新的创造。以科学的方式、艺术的方式打基础，这是毋庸置疑的，其实，这些方式说到底是文化的方式，即是吸引人的方式、影响人的方式，而不是强制的方式、简单训练的方式。核心素养是在实践中形成并发展的，以文化的方式去打好基础，核心素养将会朝着理想的方向发展。

关于学生发展核心素养的四句话

究竟什么是教学，教学的使命和目的是什么，总是让人纠缠不清。有几句话让我对这一问题的答案逐步明朗起来。

第一句是台湾教育同行说的，即不要给学生背不动的书包，要给学生带得走的东西，不仅带得走，还要能带着走。背不动的书包里有什么呢？估计不是玩具，不是足球、篮球，也不会是学具，而是一本又一本的教辅用书，一张又一张的试卷，装的是知识，是教师和家人永不满足的分数。知识、分数可能是带不走的，而能带得走的是什么呢？是方法，是能力，是智慧。这些素养永远会伴随着学生，而且在伴随的过程中还会再生。这句话道明了教学的使命与目的。

第二句是北京十一学校校长李希贵说的，即我们学校的教师不是教学科的，而是教学生的。"不是教学科的"，不是对学科的轻视，更不是对学科的否定，而是说，要从所教学科的背后或深处看到人，看到学生。教师教学科，很容易让步于学科，而没有更宽阔的视野；很可能止步于知识，而忘掉了一切教学都是育人。站在人的角度，站在育人的高度，才会让教学富有蓬勃的生命和无限的创造力。人永远是目的，而不是工具。可现实是，不少教学让知识遮蔽了人，让学生缺席了，让分数把学生当奴仆规训起来了。教学的使命与目的应当是发展学生的素养，那么，素养应当以人为核心，以育人为根本任务。

第三句是叶圣陶先生说的，即所有的课都应当是政治课，所有的课也都应当是语文课。所谓都是政治课，不是要求把所有的课都上成政治课，而是所有的课都应当从学科课程的性质、任务、特点出发，自然地进行思想品德教育；同样，所谓都是语文课，也不是要求把所有的课都上成语文课，而是所有的课都要指导学生学习语言文字的应用。叶圣陶先生的话至少有两点相当重要：一是学生发展核心素养中少不了思想品德素养和语言文字素养；二是学生发展核心素养既是基于学科的，又是超越学科的，应当用学生发展核心素养来统领各学科教学。因此，学科教师既要研究本学科的教学，又要关注、研究、把握和落实学生发展的核心素养。当然，不仅要把握共同的、一般的核心素养，还应当研究和把握学科本身的核心素养。

第四句是清华大学附属小学校长窦桂梅提出来的，即以整合的方式进行课程改革，建构"1+X课程"体系。显然，落实学生发展核心素养，需要以课程为依托。课程的品质影响着学生的素养，课程的结构影响着学生的素养结构。"1+X课程"体系培养和发展的正是学生的整体素养、综合思维方式、创新精神和探究能力，个性发展体现在整个"1+X课程"的结构中。窦桂梅还进行了"主题教学"研究。主题，是核心素养的载体，即核心素养以主题的方式来呈现。同时，她也告诉我们，核心素养的发展离不开教学。

还可以列出几句话，但这四句话，正是从不同的角度，紧紧围绕着核心素养的培养与发展，诠释了什么是真正的教学，什么是教学的使命和目的。

第二辑

核心素养，教育家告诉我们

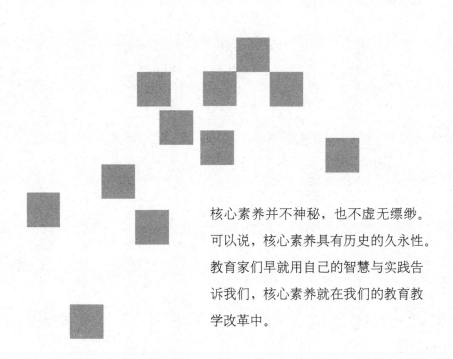

核心素养并不神秘，也不虚无缥缈。可以说，核心素养具有历史的久永性。教育家们早就用自己的智慧与实践告诉我们，核心素养就在我们的教育教学改革中。

解放儿童：指南针的轴心

——陶行知教育思想对核心素养培育的启示

在中国教育史上，陶行知是一座永远的丰碑。

陶行知说："人生天地间，各自有禀赋。为一大事来，做一大事去。"又说："捧着一颗心来，不带半根草去。"就在"来""去"间，我们看到了陶行知的大情怀、大抱负、大格局、大智慧，赤子之心、行知之志。

一、儿童发展是教育改革的指南针，是核心素养之核心

陶行知的"来去"，是在什么之间来去的？他的来去又是为了什么？他的大事究竟是指什么？我以为他是在寻找教育的指南针。开始，他认为"我们真正的指南针只是实际生活"。这一判断是十分正确的，因为教育就是"给生活以教育，用生活来教育，为生活向前向上的需要而教育"。后来，陶行知实际上将儿童发展作为指南针。因为他坚定地认为儿童是生活的主人，是生活教育的主语，如果生活中没有儿童，那生活是没有任何意义的，而儿童只有在生活中才是活的。不止如此，陶行知所有的教育主张都是指向人的，指向儿童的。比如，"千教万教教人求真，千学万学学做真人"的真教育，其中的"人"当然就是儿童。又如，"教人做主人，做自己的主人，做国家的主人，做世界的主人"的民主教育，显然，其中的"主人"就是今天的儿童。再如，"朝着最新最活的方面去做"的活教育，目的是让儿童活起来，朝着最新最美的方面发展。还有他所倡导的科学教育、创造教育、乡

村教育等等，都是为了儿童的发展，让儿童成为"一面社会的镜子"，成为"未来的主人翁"。将儿童作为教育改革的指南针，意义更深刻，既有重要的现实性、针对性，又具有长远的未来性。

将儿童发展作为教育改革的指南针，指向了教育改革的宗旨，指向了教育教学的核心与本质，将会让教育发生重要的转向。由此，我想到当下改革的重大主题——学生发展核心素养。学生发展核心素养之核心是学生，儿童是核心素养同心圆的圆心，研究、实施核心素养的目的就是要解决培养什么样的人、怎样培养人的问题。落实立德树人根本任务，树人就是树今天的儿童，让他们成人、成才，成为社会主义事业的建设者、接班人。毋庸置疑，学生发展核心素养是课程教学改革的指南针，儿童发展是整个教育改革的指南针。因此，回顾、梳理、学习陶行知关于儿童是指南针的思想，从陶行知的思想宝库中汲取营养，坚持正确的儿童观，深化儿童研究，对于核心素养的研制和落地，是多么重要，对于建设具有中国特色、中国品格的课程、教学体系，意义多么重大。

二、陶行知的儿童研究是一个完整的体系，对核心素养的研制、实施有着深刻的启示

陶行知热爱儿童，他建构的是关于"整个儿童教育""完整儿童"的体系，在关于儿童是谁、培养什么样的儿童、怎样培养儿童等各方面都有十分精辟的论述和丰富的实践，在诸多方面对我们研制学生发展核心素养并使之真正落地有颇多启示。

一是关于儿童是谁，如何真正认识儿童的问题。首先陶行知认为儿童是活的。他指出，"我们办教育的人，总要把小孩子当作活的，莫要当作死的"。然后用地球作例子，说地球看起来是个不动的东西，其实每天每时都旋转不已，小孩也像这样，"他的能力知识，没有一天不在进行中求活"，这正是孩子"天性的特性"。在陶行知看来，儿童不仅是活的，而且是伟大的，因为他有巨大的潜能。他先在《师范生的第二变》一文中说："小孩子的能力大得很；他能做许多您不能做的事，也能做许多您以为他不能做的事。"然后他写了一首《小孩不小歌》："人人都说小孩小，谁知人小心不小，你若

小看小孩子，便比小孩还要小。"简简单单的四句，平白如话，却蕴含极为深刻的意思。我以为至少有三层意思：其一是小孩子年纪小，这是客观事实，但我们不能止于此；其二是小孩子"心不小"，即有志向、有潜力，因此不能小看他；其三是假如小看了，你就比小孩子还要小，还不如小孩子。这三层意思其实聚焦到一个问题：儿童是一种可能性，可能性是儿童的最伟大之处。但是最伟大之处，不能遮盖儿童发展过程中的一切，比如错误，如何对待儿童的错误，挑战和考验着教育者的儿童观。陶行知有非常鲜明的观点："儿童不但有错误，而且常常有着许多错误。由于儿童年龄上的限制，缺乏经验，因而本身便包含着错误的可能性。"显然，陶行知把犯错也看作儿童的一种可能性，即可能性是有正反两种不同方向的，问题在于我们的态度和方法的选择。陶行知说："教育者的任务除了积极发扬每个儿童固有的优点之外，正是要根据事实，肯定他们的错误，从而改正他们的错误。"这就是陶行知积极的完整的儿童观。

陶行知给我们什么启示呢？我以为就是要在完整儿童观的指引下，促使教育发生三个重要转向。其一，教育要从注重知识，看重成绩、分数，坚决地转向人，转向儿童的发展。这是根本的转向，核心素养的提出，其中一个重要的目的就在此。其二，教育要从注重儿童的现实性，只看重儿童的现实表现，转向儿童的可能性。转向可能性就是关注儿童的未来发展性，这是教育的一种重要超越。而核心素养，正是立足于现实性、着眼于未来性的，引领儿童从现在走向未来。为了儿童的终身发展，让儿童成为终身学习者、发展者，这是教育变革的重大原则。其三，发挥儿童"心不小"的特点，从儿童简单地接受课程转向自主、积极地参与到课程的建构之中去，参与的过程就是学习、研究、发展的过程。这样，课程、教学中才能处处、时时闪现儿童的身影，以儿童为主体展开教育，闪耀儿童伟大的童心。

二是儿童应该成为什么样的人，即儿童发展目标问题。对此，陶行知有过明确的规定和表述。抗战时期，陶行知提出怎样办战时儿童教育，主要是"四种培养：手脑相长的小工人，追求真理的小学生，即知即传的小先生，百折不回的小战士"。然后他又进行了补充性的阐述："引导学生团起来做追求真理的小学生；团起来做自觉觉人的小先生；团起来做手脑双挥的小工人；团起来做反抗侵略的小战士"。四个"团"既是策略和方法，又是目标和要求，还是一种状态。就生活教育而言，陶行知对乡村小学学生的发展目标概括为五种："一、康健的体魄；二、农人的身手；三、科学的头脑；四、艺术的兴趣；五、改造社会的精神。"这五大目标，分别从五个领域提出，又是一个完整的结构。在普及教育阶段，陶行知从"小先生制"的角度，对儿童发展目标提出要求——前进的"小先生"要有四种精神：追求真理，即知即传，联合起来，百折不回。在这些目标要求的背后，陶行知论述了另一个问题：劳力与劳心。他的主张是"在劳力上劳心"，这是"一切发明之母"，可得"事物之真理"。后来，他又进一步作了解释："造就手脑都会用的人"，"要使手脑联盟"，这正是人的两个宝。这些论述，使儿童发展目标建立在时代要求的基础之上，也建立在理论的基础之上。

值得关注的是，陶行知特别重视儿童的道德和能力。首先是儿童的道德素养。他说："道德是做人的根本。根本一坏，纵然你有一些学问和本领，也无甚用处。并且，没有道德的人，学问和本领愈大，就为非作恶愈大。"他又确立公德与私德的概念："私德为立身之本，公德为服务社会国家之本。"一个人既要有公德，又应有私德，无私德的人，公德也不会好。他提倡培养大德："大德是大众之德"，而"大众之德有三：一是觉悟；二是联合；三是争取解放"。他说："建筑人格长城的基础，就是道德。"我们不妨将此称作陶行知的"道德宣言"。与此同时，陶行知又非常重视学生的能力，尤其是自主学习能力、探究能力和创造能力。"处处是创造之地，天天是创造之时，人人是创造之人"，至今都回响在我们耳畔，激荡着我们的心灵；"敢探未发明的新理，即是创造精神；敢入未开化的边疆，即是开辟精神"，为我们探了新理、开了边疆。这些都是陶行知的"创造宣言"。

"道德宣言""创造宣言"不是孤立的，都在陶行知所提出的儿童发展目标要求框架中。如果将陶行知关于儿童发展的目标要求与当下学生发展核心素养作一比照，不难发现二者有着许多共通之处。第一，儿童发展目标要求既有普遍的要求，又凸显了不同时代、不同历史阶段的不同特点。当下的中国学生发展核心素养就是充分体现国家要求、时代要求和未来的期待的，核心素养具有稳定性，又具有发展性。第二，儿童发展目标要求应具有基本要求，又应凸显核心的、关键的内容，如陶行知的"道德宣言"和"创造宣言"。这两个宣言恰似核心素养的必备品格与关键能力。由此可知教育总是踩着时代的节拍走在规律之路上的，学生发展核心素养并不是天上掉下来的，而是在中华文化的土壤里长出来的。第三，核心素养总得有实现的方式，让大家可捉摸可操作，同时又有鲜明的特点，如陶行知创立的"小先生制"。"小先生制"将目标要求、必备品格、关键能力集于一身，也就得以落实了。当然，当今中国学生发展核心素养更有时代性和未来性，是优秀教育传统的延续，绝不是照搬照套传统。

三是如何培养儿童，是培养策略、途径、方式的问题。陶行知形成了一整套操作体系。这一操作体系的核心思想是：知行合一和教学做合一。他说："我的理论是'行知行'。"他的核心思想是行动，而这正好击中了中国学生的弊端："被先知后行的学说所麻醉，习惯成了自然，平日不肯行，不敢行，终于不能行，也就一无所知。"因此，他又发出一誓言："有行的勇气，才有知的收获。"这一核心思想支撑着他的教学做合一的主张："教一切、学一切都要以'做'为基础"，"做是学的中心，也是教的中心"。那么，"做"究竟是什么呢？"做是发明，是创造，是实验，是建设，是生产，是破坏，是奋斗，是探寻出路"，其特征是：行动、思想、新价值之产生。而"教学做合一不是别的，是生活法，是实现生活教育之方法"。教学做合一的具体方法是非常丰富的，其中他特别重视工具的使用。

培养儿童应当有实现方式，同样，核心素养的落实，也要寻找落地的力量和方式。陶行知启发我们，儿童是在自主实践中、在积极行动中发展起来的，核心素养的发展需要在情境中培育。从某个角度说，情境是由学习活动来营造的，而学习活动需要设计、编织。学习活动中必定让学习方式发生变革。我以为，知行合一、教学做合一，与核心素养要在课程、教学中实现的核心思想和方式完全是契合的。陶行知在上个世纪二三十年代就为我们今天的教育铺下了一条道，我们该怎么坚持走下去，而且走出新路来呢？这考验着我们的勇气、理念、智慧和能力。

三、解放儿童才能真正发展儿童

陶行知曾应陈鹤琴邀请为"儿童教育社"写社歌，社歌的名字叫《教师歌》。这首歌写得太好了，现全文抄录如下：

来！来！来！来到小孩子的队伍里，发现你的小孩。你不能教导小孩，除非是发现了你的小孩。

来！来！来！来到小孩子的队伍里，了解你的小孩。你不能教导小孩，除非是了解了你的小孩。

来！来！来！来到小孩子的队伍里，解放你的小孩。你不能教导小孩，除非是解放了你的小孩。

来！来！来！来到小孩子的队伍里，信仰你的小孩。你不能教导小孩，除非是信仰了你的小孩。

来！来！来！来到小孩子的队伍里，变成一个小孩。你不能教导小孩，除非是变成了一个小孩。

我一次又一次朗读，一次又一次地读给大家听，每读一次，总觉得陶行知正面对着我们微笑，期待着我们的回答。我们该怎么回答陶先生呢？重要的是准确理解这首歌。这首歌的主题，我以为是解放儿童。解放儿童是指南针的轴心。只有解放儿童才能真正发展儿童，否则儿童的自主、发展都是一句空话。于是陶行知提出了"五大解放"："解放儿童的头脑，使他们可以想。解放儿童的嘴巴，使他们可以谈。解放儿童的双手，使他们可以玩、可以干。解放儿童的时间，使他们的生命不会被稻草塞满。解放儿童的空间，使他们的歌声可以在宇宙中飘荡。"后来，他又增加一个："解放他的眼睛，使他能看。"我以为，儿童的"六大解放"在今天完全是适用的，而且具有很强的针对性和冲击力，研究、实施核心素养，不解放儿童，不让他们自主、积极地去实践、去探究、去体验、去内化，哪来的核心素养，哪来的创新精神、实践能力？遗憾的是，当下的教育仍然以不同的方式在不同的方面束缚儿童，用知识、分数填塞他们的头脑，用所谓的标准答案堵住他们的嘴巴，用简单重读的训练捆绑他们的双手，用作业、培训、考试、竞赛塞满他们的时间，他们的空间也被绑架了，眼睛只盯着书本了。这种现状不改变，核心素养的培育、发展便无从谈起。而核心素养正是要改变这样的现状。

为此，陶行知为我们设计了一条思路。首先，要赶快到儿童世界中，连续五个"来！来！来！"，多么急切的呼唤，我们不能无动于衷。其次，围绕解放儿童，要做几件重要的事：了解、发现、信仰（不是一般的信任）。

这几件事是解放的前提与基础，陶行知用"你不能……除非……"的句式强调了必须具备的条件。再次，更为关键的是自己变成孩子。变成孩子，就是如陈鹤琴所说的，让我们重温自己的童年，再做一回儿童；也是蒙台梭利所定义的——"作为教师的儿童"；亦是李吉林所自我认定的——"一个长大的儿童"……当教师心里永远住着一个儿童，他一定会走进儿童世界，一定会在充满简单之美的儿童世界里有新的发现、新的进步。

学生发展核心素养是课程改革、教学改革的风向标，它内在有个指南针，指向了儿童，聚焦于儿童的发展，其轴心是解放儿童。让我们继续去寻找、把握指南针，依据指南针，听从核心素养的召唤，去深化改革，落实立德树人的根本任务。

活教育：核心素养的摇篮

——陈鹤琴教育思想对核心素养研究的启示

陈鹤琴是伟大的教育家，他创立了"活教育"的理论体系与实践体系。

什么是活教育？陈鹤琴曾用"是……不是……"的方式解释过。我试着来作一个反向概括：活教育不是旧教育，而是新教育——旧教育是死的，而新教育是活的；活教育不是随意的教育，而是经过试验的科学的教育——活教育有理论的支撑，有科学的设计，还有严格的试验论证；活教育不是局部的教育，而是一个完整的教育体系——有纲要，有目标、原则，有内容、方法，有步骤、方式，还涉及幼儿师范教育，具有整体的育人功能；活教育不是从外国搬来的教育，而是中国的教育——中国人自己确立，具有中国特色和中国气派。

活教育是我国十分宝贵的教育财富，既闪烁着历史的价值光芒，又闪烁着时代的意义色彩，是"永远的活教育"。活教育与学生发展核心素养有着天然的密切的联系。中国学生发展核心素养应植根于中华文化和教育理论的土壤中，而活教育正是核心素养孕育和发展的摇篮，它的理论、思想与内容体系可以激活学生的潜能，培育和发展学生核心素养。而这一切，并不影响核心素养的时代特征和未来社会的要求，恰恰相反，活教育将历史传统和时代要求联系起来。

一、活教育的原点：激活核心素养发展的主体——儿童

活教育理论体系、实践体系有许多重要的"点"，原点就是其中一个核心点。活教育的原点是儿童，即活教育是以儿童发展为核心展开的。

其一，活教育的核心理念是"一切为儿童"。陈鹤琴 88 岁时写下一题词："一切为儿童"。1935 年，他曾写过《儿童年实施后的几点宏愿》，开篇就说："愿全国儿童从今日起，不论贫富，不论智愚，一律享受相当教育，达到身心两方面最充分的可能发展。"这是他的第一宏愿。他始终把儿童、儿童发展记在心里，写在行动中，而且不是面对少数儿童，而是面向所有儿童。儿童是活教育的出发点，也是活教育的归宿点。儿童原点永远是活教育的核心，恰似核心素养是所有同心圆的圆心。

其二，活教育的目标是三个信念。陈鹤琴确立的活教育的目标是："做人，做中国人，做现代中国人。"首先，儿童是人，不是物，他有作为人的价值和尊严；儿童是目的，不是手段，教育的最高目的是儿童成为人的发展。其次，做中国人，家国情怀、民族认同、国家的责任全在里面了。再次，做现代中国人，则是让儿童从中国出发，走向世界，走向未来。陈鹤琴将三大目标作为教育的信念。这一目标、信念与当今学生发展核心素养是一脉相承的。

其三，活教育明确提出做现代中国人必须具备五个条件：第一，"要有健全的身体"。他说："一个健康的人，他有理想，他乐观、积极、有毅力，他能担当起大事"，"惟其有健康的身体，才能担负起现代中国与世界给予我们的任务"。第二，"要有创造的能力"。他说："儿童本来就有创造欲，并有创造能力。"在举了儿童拆卸、重新装配玩具飞机的例子后他补充说："我们只要善为诱导，善为启发，可以事半而功倍。"第三，"要有服务的精神"。他说："要为国家服务，为全世界的人类服务，为真理服务。"第四，"要有合作的态度"。他说：中国人是有合作的态度的，"抗战时期不是证明我们的团结力量很伟大吗？"他又指出，中国人缺乏合作精神"确是一种严重缺陷"，亟须加强。第五，"要有世界的眼光"。他说："所谓世界眼光就是对世界的看法"，"惟其认识世界，才能眼光远大"，"以宇宙为学校……才能做一

个世界人"。以上五个条件，与当下核心素养的元素、要求相比照，都是相呼应、相嵌入、相融通的，是具有前瞻性的。

其四，活教育确立了儿童教育的十七条原则。概括起来，其中有：两个"凡是"——"凡是儿童自己能够做的，应当让他自己做"，"凡是儿童自己能够想的，应当让他们自己想"；两个"鼓励"——"鼓励儿童去发现他自己的世界"，"积极的鼓励胜于消极的制裁"；两个"化"——"教学游戏化""教学故事化"；最后一条——"儿童教儿童"，因为"儿童了解儿童的程度比成人所能了解的更为深刻"，"儿童鼓励儿童的效果比成人所能获得的更为巨大"，而且，"儿童教儿童，教学相长"。这些原则用于今天不仅一点都不落后，而且仍有时代感、未来性。

以上是对活教育原点——儿童有关论述的简单梳理。我们完全可以作出一些基本判断：在儿童这一原点上，活教育与核心素养是完全一致的、相契合的；活教育进一步启发我们要坚持一个信念，一切从儿童出发，将儿童发展作为同心圆的圆心，作为核心素养的主题与宗旨；活教育应当成为核心素养孕育的摇篮，首要的是激活儿童这一主体；核心素养一定要根植于中华文化的沃土中，应从中国教育的优秀传统中汲取营养，找到自己的根与魂。

二、活教育的基点：丰富核心素养的情境和资源——生活

活教育有个重要的基点，那就是生活。活教育要引导儿童在生活中学习，在生活中劳作，在生活中学会合作、服务和创造。生活是活教育的源头活水，只有在生活中，教育才是活的，否则是死的。

其一，生活成为活教育的基点，有两个重要的理论思考。一是陶行知的"生活即教育"的理论。陈鹤琴认为，"教育即生活"，只把教育作为生活的一部分，而"生活即教育"是把生活当作教育的过程，这种生活与教育的统一，体现了教育本质的全体性和整体性。二是他认为，"小孩子的知识是由经验得来的。所接触的环境愈广，所得的知识当然愈多。所以我们要使小孩子与环境有充分的接触"。这两个重要的理论思考实质上是他们坚持的理论基础，支撑着活教育。核心素养的培育、发展离不开生活，离不开丰富的情境，真正的学习是在情境中发生的，核心素养是对真实复杂情境的认知、辨

别、顿悟，以及知识、能力、态度的综合体现。

其二，活教育把宇宙当作学校。陈鹤琴提出，教育的场所不限于学校，生活是学校，宇宙是学校。他讲述了"一个活的林间学校"诞生的过程，具体记录了林间学校一天的生活，从早上七点开始，到傍晚结束。先是讲冒险故事，九点半开始分班上课，有"披荆斩棘"课——他称为"开辟世界的工作"，有草地上的唱歌课，有"动物乘火车"的游戏，还有作文共同订正课……可以想见，林间学校正是今天的野外学校、蓝天下的学校。课程是情境课程、综合课程，在这样的情境中，学习是跨界的，小朋友是互助互学的。陈鹤琴告诉我们，教室不应该是封闭的小匣子，它应打开，应开放，应流动，一如哈佛大学教育学院院长在报告中所说：流动应成为学生一日生活中的重要部分。核心素养当然可以在书本世界里、在符号世界里培育，但更为重要的是在情境中萌发、生长起来的。

其三，活教育把大自然、大社会当作活课程、活教材。陈鹤琴说："书本上的知识是间接的知识，要获得直接的知识，应该向大自然、大社会去探讨。"他还说："环境中有许许多多的东西，初看和你所教的没有关系，仔细研究，也可以变成很好的教材，很好的教具呢。"这些论述，表明了活教育的课程和教材的理念是，鼓励儿童积极研究，"读活书、活读书、读书活"，其理论支点是让儿童建构活知识。陈鹤琴还以生动的语言作了如下讲述："把一本教科书摊开来，遮住儿童的两只眼睛，儿童所见的世界，不过是6寸高、8寸阔的书本世界而已"，"儿童的世界多么大，有伟大的自然亟待他们去发现，有广阔的大社会亟待他们去探讨。什么四季鲜艳夺目的花草树木，什么光怪陆离的虫鱼禽兽，什么变化莫测的风霜雨雪，什么奇妙伟大的日月星辰，都是儿童知识的宝库"，否则，"在渺小的书本世界里去求知识，去求学问，去学做人，岂不是等于梦想吗？"这些都在反复阐释同一个问题：新的课程观、教材观应是，努力把一个偌大的世界当作课程和教材，课程、教材的大视野带来教育教学的大格局，大视野、大格局才会有利于学生核心素养的培育和发展。

其四，活教育的原理是"从儿童的生活出发，完成儿童的完整生活"。陈鹤琴提出"整个的教育"概念，因为生活是完整的，所以教育也要完整。这集中体现在他的"五指活动"中。"五指活动"是指儿童健康活动、儿童社会活动、儿童科学活动、儿童艺术活动、儿童文学活动。这五个领域的活动犹如人的五根手指，是一个整体，犹如人的一只手，能分离，相对独立，但不可分割，更不能分裂，其目的是从儿童发展需求出发，完成儿童的完整生活，完整的生活才能培养完整的人，进而促进儿童生命体的完整和活泼。这五大领域几乎覆盖了儿童的全部生活，与中国学生发展核心素养中的"文化基础""人文底蕴""科学精神"的基本要点及主要表现描述大体上是一致的。由此，我们得到的启发是：核心素养虽然分为三个方面六大素养，但一定是个整体，所有学科都要指向这一整体，绝不能只从核心素养中找自己学科的要求，以求学科与核心素养的某几条要求——对应。——对应的结果势必造成核心素养的分裂、割裂，造成"学科本位"。

生活，这一活教育的基点，实质是教育的源泉、教育的环境、教育的资源、教育的情境。活教育之活，活在丰富的生活，活在真实的情境，活在课程、教学向生活打开，回到知识真正发生的情境中去。核心素养也是活的，学生核心素养要活在生活的源头活水中，活在研究问题解决问题中，可以说，基于核心素养的教育当是活教育。

三、活教育的力点：做中教，做中学，做中求进步——学习方式的变革

活教育有一个力点，既是着力点，又是一个支点。这个力点就是要改变学生的学习方式。

其一，陈鹤琴确定了活教育的方法论。活教育的方法论就是"做中教，做中学，做中求进步"。他对这一方法论作了说明——"脱胎于杜威博士当年在芝加哥所主张的'寓学于做'，但比杜氏的主张更进了一步，不但是在'做'中学，还要在'做'中教，不但要在'做'中教与学，还要不断在'做'中争取进步"。之所以这样主张，是因为活教育的教学"着重于室外的活动，着重于生活的体验，以实物作研究对象，以书籍作辅佐参考。换一句话说，就是注重直接的经验"。他明确指出："这种直接的经验是使人进步的最大动力。""着重于"，并不是"唯一"，他并不否认教室里的学习，而是更注重室外的体验所获得的经验。培养、发展学生核心素养不也正是这么

去改变去努力吗？课改以来，学习方式变革成为改革的重点，这与活教育的"做"的方法论是高度一致的，活教育的方法论给了核心素养发展十分宝贵的启示。

其二，以"做"为着力点的方法，活教育确立了几条原则。一是"使小孩子获得均衡发展"。"并不是培养儿童某一技能，或使他们精习某一特殊学科，我们不能让刚出芽的幼苗早熟结果"。二是开展"自动的研究"。他说"最宝贵的是儿童自动研究的精神，这种精神是小朋友们本已潜在的"，那种"耳提面命的教学方法"限制了潜能的开发。三是开展"分组的学习"。他早就指出："一般的学校大都是采用分班制，分班制是教师与学生在注意力上交流，只适宜注入式学习。分组学习是小朋友以及小朋友教师双轨线的交流，适宜于相互讨论研究和工作。"还有其他一些原则。这些原则规定了"做"的方向、目的，直抵儿童的生命潜能，而且直指班级授课制、注入式学习的弊端，极具理论性，也极具操作性。可以说，当下的小组合作学习、现场学习、场景学习与活教育是相承的、相通的，也是"活"的。

其三，活教育规定了教学过程的四个步骤：实验、参考、发表、检讨。陈鹤琴让每一个小朋友拥有自己的工作簿，"在工作簿上编自己的教材"，这一教材就是由以上四个步骤组成的。他举了一个小朋友研究青蛙的例子，步骤清晰，过程充实，研究充分，实验、参考、发表、检讨都在里面了。这四个步骤形成"做"的链，一环连一环，一步深一步，所谓实验就是具体的设计、操作、研究；所谓参考就是文献参考、理性分析，形成研究假设；所谓发表，就是表达、展示、与大家分享；所谓检讨，就是反思、改进。陈鹤琴并未将之冠以"模式"，其实正是一个理论化的实践、实践化的理论——应称之为模式，是科学的、有效的。

曾听哈佛大学教育学院院长作报告，他说，"做"就是学。他还认为，"做"应当有工具，但有工具还得有想法。他甚至提出，不妨让学生从金字塔的塔尖学起、做起，才会有高阶思维、高峰体验，才会有高期待。我自然地把这位院长讲的与陈鹤琴所论述的所实验的联系起来，二者不是具有高度的内在一致性吗？永远的活教育，永远的陈鹤琴。让我们继承和深化活教育，让活教育成为学生发展核心素养的摇篮，让学生的核心素养在那里孕育、生长、发展吧。

不教之教：核心素养的教学实现方式

——叶圣陶教育思想对核心素养培养、发展的启示

声名显赫的麦克阿瑟将军行将退休时，曾经说过这样的话：老兵永远不死，只会慢慢凋零。声音中没有任何的苍老，有的是雄心与永远的青春。不过，我以为这话用在教育家叶圣陶身上却是不合适的，尽管充满着哲理。叶圣陶不仅不会死，而且也不会凋零，他仙眉慈目中透射的思想永远那么鲜活，在世纪风雨中发出的声音，虽在昨天，却依然响在今天，历久弥新的思想犹如一盏顶灯照耀教育的前程。

叶圣陶教育思想宝库中，关于教学的论述尤其值得我们重温。如果作一简单的梳理，"凡为教，目的在达到不需要教"，我以为是叶圣陶教学观的核心，我不准确地将它概括为"不教之教"。这一核心思想揭示了教学的本质，而且建构了完整的教学概念。今天，我们研究学生发展核心素养和学科核心素养，推动教学改革，寻找核心素养在教学中实现的方式，"不教之教"仍是教学的准绳。

一、"凡为教，目的在达到不需要教"的原义与内涵

关于教与不教的论述，是叶圣陶1961年9月8日，在呼和浩特与语文教师谈"怎样教语文课"时首次提出来的。在一次座谈会上，一个学生说："老师讲的太多了，对我们没有好处。我们预习《粮食的故事》一课，读过几遍非常感动，几乎掉下泪来。后来，老师在课堂上讲解，左分析，右分

析，把一篇文章拆得零零碎碎，讲了些空泛道理，我们听了，反而把感动冲淡了。"叶圣陶紧接着说："这样看来，学生能够理解和领会的东西，教师完全可以不讲。学生了解不透领会不深的地方，才需要教师给以指点和引导，适当地多动脑筋，脑筋是不会受伤的。"这段话的结尾是这样的："总之，讲的目的，在于达到不需要讲。"他认为，这是教学的最大成功。

1978年8月21日，在题为《大力研究语文教学，尽快改进语文教学》的讲座中，叶圣陶说："说到如何看待'讲'，我有个朦胧的想头。教师教任何功课（不限于语文），'讲'都是为了达到用不着'讲'，换个说法，'教'都是为了达到用不着'教'。"叶圣陶很谦虚，说这是个"朦胧"的想法，其实很清醒、很清晰、很鲜明；从"讲"与"不讲"到"教"与"不教"，不只是"换个说法"，而且是科学的迁移和拓展，是深化和提炼。这"换个说法"，又从语文学科迁移、拓展到所有学科，成了教学的共同原则和普遍规律。

对于"不教之教"的价值立意，是定位于教学境界的。他说："学生入门了，上了路了，他们能在繁复的事事物物之间探索，独立实践，解决问题了，岂不是用不着给'讲'给'教'了？这是多么好的境界啊！"这一教学境界叶圣陶用"自能读书""自能作文""举一反三"等来概括它的表现特征。其实，这一思想最为深层的意义价值是直抵教学的核心，通过"不教之教"将教学本质呈现出来。正因为此，它永远是鲜活的、历久弥新的。

叶圣陶揭示的这一教学原则有着重要的理论根据，他用非常平实的话作了解释。其一，"学习是学生自己的事，不调动他们的积极性，不让他们自己学，是无论如何学不好的"。自己的事当然要自己做、自己完成，包办代替万万使不得，也万万行不通。其二，"知识是求知者主观的欲望和兴趣的结晶体，离开了求知者的主观便无所谓知识，所以知识只有自己去求，别人的知识只能由别人去应用，我不能沾他一些光"。现实中，教师"沾学生光"的并不鲜见，因而影响了学生的学。其三，"学习的主体是我们自己"，不自己学，只能"得到'外铄'的效果"。叶圣陶对"失学"作了新解："精当地说，唯有自己不要学习才是'失学'。"岂止是精当，还十分精辟、精彩。其四，最为重要的是，叶圣陶有个关于"素养"的理论在支撑他。他说："我无论担任哪一门功课，自然要认清那门功课的目标……同时我不忘记各种功课有一个总目标,那就是'教育'——造成健全的公民。"他举例说,音乐教育的成功在于"一般人都受到音乐的滋养";文学教育的成功在于"个个儿童能欣赏文学,接近文学",而且是"生活在先,文学在后";学习的成功在于不但有所"知",而且有所"感"……总之,着眼于"教育",着眼于滋养,着眼于素养,那么必须让学生主动地去学,其结果是"不需要教","一辈子有用"。

二、教是为了不教,大智慧的教——"不教之教"

对于教学,叶圣陶有个完整的概念,要以学生为主,但不能排斥,更不能否定教。他非常明确地指出:"'教是为了达到不需要教',我觉得这样表达比较明白。是不是不教了,学生就学成了呢?非也。"一个"非也"廓清了界限。他紧接着补充说,教学当然需要教,问题是需要"久旱逢甘雨"式的教,需要使自己"蓬蓬勃勃地滋长"的教。这就需要教师有大智慧、好方法,这对教师是个高挑战。

对于这一难题,叶圣陶抓住了三个关键问题。一是,何为教,何为"不教之教"?他说,教师之为教,"其义在指导","在相机诱导。必令学生运其才智,勤其练习,领悟之源打开,纯熟之功弥深,乃为善教也"。指导和相机诱导才是善教。而这样的指导、诱导用意在于"发动学习的端绪",即用情感启动良好的开端。在方法选择上,"可否自始即不多讲,而以提问和指点代替多讲"。同时,他又指出"给指点,却随时准备少指点……最后做到不指点。这好比牵着孩子的手教他走路,却随时准备放手"。二是,何时教?当学生"想不通了,说不清楚,这就是碰了壁了,其时学生心头的苦闷多么厉害,要求解决的欲望多么迫切……",即在学生最需要的时候,教师适时地教,伸出援助之手,助其一臂之力。这就是不愤不启吧。三是,教什么?这是因内容而异、因课而异、因人而异的,但一定是前文所述的"了解不透领会不深"的地方,因而这样的教,是有一定难度和深度的。

对于"不教之教",叶圣陶阐释了其理念、原则、关键以及基础等问题。

首先是置于一个宏大的背景下的理念,那就是课程及其改革的背景。叶圣陶不是就教学论教学，而是在课程的理念和框架下进行。他说，"教育是不可分割"的，"如果把某一种活动机械地规定为进行某一项教育，恐怕是不切合实际的"。因此，"理想的办法，最好不分学科"，让学生"浸润在发生需求、努力学习的境遇里"，即使分科，也不能忘却"各种功课的总目标"——教育。他甚至说，"学制与课程之类也不是不重要，然而精神不立，单就这些上讨论如何如何改，就是舍本逐末，必然没有什么好处"。这样宏阔的背景，即课程的背景，课程综合化的背景，必定促使教学改革有大视野、大格局、高格调，在学生的"学"上下功夫。

其次是"不教之教"的理论基础。"不教之教"关涉到对课程性质的理解与把握。大家对"教材无非是个例子"这一理念非常熟悉。"例子说"的实质是定义了教材——教材是学习的材料，是工具，不是目的。不必多作阐释，课程亦是工具。叶圣陶还定义了教育："教育本身并非目的，而是工具。"而这样的工具"大而言之可以挽救国家社会，小而言之可以指导个人"。既然是工具，就重在使用，谁使用？是教师，但一定是教师指导学生使用，学生不使用，工具就失却了价值；学生就是在学会使用工具、创造工具中进步、发展的，以至解放自己的。当然，学生是学习的主体、儿童是一种可能性、教学的核心是学习等等，这些都是"不教之教"的理论，不过，叶圣陶从工具角度的阐述，为我们的研究与认识开启了一个新视角。

再次是"不教之教"的原则。原则可以从不同的方面去梳理和阐释，在阅读叶圣陶的著作中，我以为叶圣陶突出了两条。一条是不加重学生的学业负担。他的原则非常鲜明："改进教学，提高教学质量，决不应当加重学生的负担。"让学生自己学，培养他们的自学能力和勤奋刻苦的学习精神，这是理所当然的。但如果以此把一切任务都推给学生，抑或布置更多的作业，以"学会学习"的名义，绑架学生，显然违背了"不教之教"的目的。另一条是正确对待考试。考试是正常的，而且会一直存在下去，但叶圣陶说："我们竭诚地希望负责者注意：考试只能在学习过程中占一个小小的位置，把它过分地重视，甚至忘却了求取知识的本义，对于学生是无益有害的。"我们当记住叶圣陶的忠告，记住考试是个"小小的位置"，作为其中一个"负责者"，也来竭诚地努力吧。

最后，"不教之教"的关系重建。"不教之教"重建了师生关系，教学教学，离不开教师也离不开学生。师生到底是什么关系，论述已经很多，但在"不教之教"的教学中却有着特殊的意义和要求。叶圣陶对此作了精辟的解说。他认为师生关系的重建，关键是教师要正确定义自己、改变自己。他的核心观点有三个：一是"我认为自己是与学生同样的人，我所过的是与学生同样的生活"，因此，"凡希望学生去实践的，我自己一定实践；凡劝诫学生不要做的，我自己一定不做"。同样的人、同样的生活、同样的地位、同样的尊严，这就保证了师生关系的平等。二是"只有做学生的学生，才能做学生的先生"。做学生的学生，意味着我们正处在后喻文化时代，学生走到教师前面去了，教师应当向学生学习。同时，当以学生身份出现的时候，学生才会对你产生亲近感、信任感。三是"我要做学生的朋友，我要学生做我的朋友"。"不教之教"的过程是伙伴学习的过程，同伴之间才能在合作状态下我学你教，你学我教。

三、"凡为教，目的在达到不需要教"在当今教学中如何真正实现

这么多年过去了，叶圣陶关于"凡为教，目的在达到不需要教"的思想，我们在认真实践、努力探索中，也有了一些样本，是有进展的，但是，从总体上看，还没有真正实现，教学还没有根本性改变。这在很大程度上影响了课改的进程，影响了学生核心素养的发展。为此，我们必须深化改革，让"不教之教"落实在课堂上。

其一，要明晰并坚定几个完整的概念。

教学是完整的概念，完整的概念促进完整的教学，完整的教学促进学生整体发展。一是"课改"与"改课"的概念。课改即课程改革，改课即课堂教学改革。我重申这样的观点：课改必须改课，改课一定要在课改语境下进行。课程与教学虽有大小之分，但绝无重要与不重要之分，也绝无主次之别。课堂教学在课改的链条上具有实质意义，应当将之作为课改的一个重点，绝不能把兴奋点都放到校本课程的开发上去。二是"教"与"学"的概念。教学是一个由"教"与"学"共同组成的过程。只有教，没有学，不是真正的教学；同样，只有学，没有教，也不是真正的教学——教学应

是有教的学。要防止、克服教学走极端，"无师课堂"是不应提倡的。三是"教""学""评"一体化。教学还应包括"教学评价"。以往我们对评价重视不够，评价与教、学有所疏离，教学过程并不完整，如何实现教、学、评一体化是今后改革的一个重点。

其二，牢固树立教学育人的核心思想。

叶圣陶强调的"各种功课的总目标""要立精神""要滋养学生"，阐述了一个指导思想：学科育人、教学育人，这不只是一种核心理念，还应是重要的原则。学生发展核心素养的研制，就是要引领教学改革，并让核心素养发展真正落实在教学中。"学科核心素养"这一概念在学理上虽然需要进一步明晰，但它是客观存在的，事实上它一直在影响着学生发展。我们需要让它从潜在状态转化为课程标准、教学目标，教师从随意走向自觉，这就需要深入研究，进一步提炼学科核心素养。教育部正在组织专家和教师研究，作为一线教师也不是无所作为的，应当依据学生发展核心素养，基于学科特质，结合自己的教学经验，对教学内容进行深入剖析，提炼学科的必备品格与关键能力，让教学的准星永远对准学生核心素养的发展。

其三，坚定地以学会学习为教学的核心。

"不教之教"的前提与重点就是帮助学生主动学习、学会学习、创造性学习、享受学习，核心是学会学习。这一核心的抵达尚有不小的距离，还没有真正实现。除了理念亟须转变外，我以为应当使教学结构、学习活动、学习方式、学习情境四者联动。教学结构需要改变，但结构改变不能解决一切问题，还需要设计学习活动，让结构落实在学生活动中；教学活动的本质应是学习活动，学习活动编织起学习过程，学习活动需要精心设计；学习活动促进学习方式的变革，学习方式要与学习活动相配，学习活动、学习方式的一致性促进学生学会学习；学习是在情境中展开的，要营造良好的学习生态，设计并优化学习情境，让真正学习、深度学习在情境中发生。

其四，着力研究教师的"不教之教"。

学生学会学习是在教师指导、帮助下展开的，教学核心的抵达需要教师与学生的共同努力，"不教之教"，不仅使教学过程完整起来，也推动教学走向高境界。究竟如何实行"不教之教"，叶圣陶已提供了思路，但是教学具有复杂性、不确定性、生成性，具体实施时需要教师的智慧，既需要学科素养，也需要学科教学素养。特级教师、骨干教师，以及青年教师在实践中积极探索，研究创造，已有许多可贵的经验，摸索、总结了一些样态，我们应从这些案例入手，剖析、概括、提炼。案例不是坐在轮椅上的学问，而是田野上开出的智慧花朵，这智慧之花的名字就叫"不教之教"。

童心母爱育新苗

——斯霞教育思想对核心素养培育的启示

一、像斯霞老师那样，做核心素养的育苗人

儿童教育家斯霞老师离开我们十余年了。我想起两首诗，作者都是著名诗人臧克家。一首诗其实是给斯霞的题词："一个和孩子长年在一起的人，她的心灵永远活泼像清泉。一个热情培育小苗的人，她会欣赏它生长的风烟。一个忘我劳动的人，她的形象在别人的记忆中活鲜。一个用心温暖别人的人，她自己的心也必然感到温暖。"如果取个题目的话，应该叫作《一个人》。另外一首诗的题目叫作《有的人》，是臧克家为鲁迅逝世十三周年写的："有的人活着，他已经死了；有的人死了，他还活着。"同一位作者，同写一个主题——"人"——是不同的人，又是相同的人。这是一种巧合吗？其实不是，而是心灵的契合，是心灵对心灵的感应与呼唤，是一个人意义存在的高度的内在一致性。斯霞老师已不在了，但她还活着，活在她永远热爱的事业里，活在我们的心里。一个人活着，是她的意义活着，精神活着。斯霞老师的童心母爱让她永远活着，让"育苗人"永远活着，因为童心母爱是超越时代的。

童心母爱是斯老师的核心教育思想，是斯老师的人格特征。斯老师的教育就是童心母爱教育，斯老师的语文就是童心母爱语文。不仅如此，童心母爱已成为所有教师的教育思想和共同追求，成为教育文化的符号。

斯老师曾经说过这样的话："当时我也搞不清楚什么叫母爱，什么叫童

心，我也不懂得这些理论。我只觉得工人爱机器，农民爱土地，解放军爱武器，教师自然爱学生。你不爱学生，你的教育工作怎能做得好呢？"其实，斯霞老师是真正懂童心母爱的，只是童心母爱不在她的嘴上，而在她的心里，写在她的语文教学中，写在她所有的行动中。她以爱心育人，以童心育人，当童心与爱心相遇、相融合的时候，就生成了核心素养。斯老师以自己的行动告诉我们，童心母爱就是教师的核心素养，以童心母爱教育学生，就是培育、发展学生的核心素养。她还告诉我们，核心素养并不神秘，也不虚空，它不是凭空冒出来的，而是从心里、从文化土壤里长出来的。斯老师在"文革"期间，就因为倡导童心母爱，因为是童心母爱的育苗人而受到冲击、批斗和迫害。"文革"一结束她又回到讲台，坚守她的童心母爱。今天，斯老师似乎站在云端，微笑着看着我们，似乎在说：你们好吗？你们能做得到吗？我们该怎么回答呢？我们的回答应当是：放心，我们一定像您一样，充满童心母爱，努力做核心素养的育苗人。

二、童心母爱：核心素养的内核与动力源泉

1. 母爱是教育爱，是大爱

斯老师在教语文课《刘胡兰》时，备课时常为刘胡兰的坚贞不屈所感动，可是朗读课文时总是读不好。她觉得是因为自己没有参加过革命斗争，缺乏亲身体验，是自己的思想感情还没有和刘胡兰的思想感情凝结在一起。"于是我就想：我也是一个共产党员，如果我处在那样的环境下，该怎样对待敌人的胁迫呢？想想小小年纪的刘胡兰，我勉励自己一定要像她那样，面对敌人，毫不动摇，坚持斗争，直到流尽最后一滴血！这样，我身临其境地朗读课文就感染了学生。当孩子们听到刘胡兰临刑前铿锵的语气时，都激动地睁大了眼睛，咬紧了嘴唇……"

类似的故事和教育案例还有很多很多。我们应从中领悟到什么呢？其一，斯老师的母爱，不只是母亲之爱，而是将母亲之爱与教师之爱结合起来、统一起来，成为教育爱。教育爱基于母爱，因为小学生需要母爱；但教育爱又超越母爱。其二，作为教育爱之义的母爱，是一种大爱，要教导孩子

爱祖国，爱真理，爱和平，爱中国共产党；同时，要爱憎分明，恨敌人，恨战争，恨一切丑恶的事。这样的爱是大爱，是最为深沉的爱。其三，真正的爱来自内心，来自切身的体验。斯老师，一位1956年入党的党员向刘胡兰学习，置身于当年的情境中，才会有真正的爱。母爱是真实的、真诚的，没有任何的虚假，更不是作秀。其四，真正的爱会走进孩子的心灵深处，感染他们，与孩子的心灵发生对接与撞击，这才是真正的教育。

2. 童心，就是心中有儿童，理解儿童，发现儿童

斯老师曾教一年级时，小朋友读《雷雨》课文最后一句话："凉风迎面吹来，好不舒畅啊！"一个学生举手说："这句话错了，怎么又是'好'，又是'不'呢？多了个'不'字，应该说'凉风迎面吹来，好舒畅啊'才对。"斯老师告诉他们，"好""不"连在一起就是"很""真""多"的意思，"好不舒畅"就是"真舒畅""多舒畅"。去了"不"也可以，但是"好舒畅"没有"好不舒畅"来得更舒畅，语言也没有后面的那句强烈，感情色彩也要差得多。她接着举例子："我们学了拼音和汉字，能说又能写，好不高兴啊！""星期天，我们去看电影，又游了玄武湖，玩得好不痛快！"几天以后，学生在一个闷热的下午活动，忽然吹来一阵凉风，有的学生脱口而出："凉风吹来，好不舒畅！"

在斯老师的教育活动中，同样的例子太多了。我们从中又应领悟到什么呢？其一，童心，是尊童之心，爱护学生的积极性，鼓励学生提问题，不是不理不睬，更不是责怪。其二，童心，也是一种耐心，用孩子的方式，要举孩子熟悉的事物，从孩子的生活经验出发，让他们听懂、理解。其三，童心，就是和孩子一起学习，一起游玩，一起生活，发现儿童。七八岁的小孩换乳牙了，牙活动了，很不舒服，常常用手去摸。斯老师常常用碘酒和棉花球一擦，把他们摇动的乳牙拔下来。斯老师说，她也成了牙科医生了！其四，童心，就是真诚之心，也就是爱心。一个女孩，母亲病故了，从一年级进校起，就一天到晚跟着斯老师，整天拉着她的衣服，嘴里喊着"斯老师，斯老师"，就像一条小尾巴，有的人看了都厌烦。斯老师说，她小，没了母亲，看到女老师就很亲热。学生长大后，他们常对斯老师说："老师啊，你的床我睡过！""你的毛衣我穿过！"……其五，童心，是永远年轻之心。斯

老师说："要是不照镜子，我已经忘了自己的年龄。"

3. 母爱、童心是一个结构，是知识、能力、态度的融合

斯老师的教学故事曾被拍成电影:《我们爱老师》。课文中有"祖国"一词，斯老师引导儿童理解"祖国"一词的意思时，问道:你们可知道"祖国"是什么意思? 什么叫"祖国"? 一个小朋友回答说:祖国就是南京。学生笑了。斯老师说:不要笑。祖国就是南京吗? 不对，南京是我们祖国的一个城市，像北京、上海一样。大家再想想，什么叫"祖国"? 另一个学生回答:祖国就是一个国家的意思。斯老师说:噢，祖国就是一个国家的意思（略停），对吗? 学生说:不对。斯老师紧接着说:美国是一个国家，日本也是一个国家，我们就能说美国、日本是我们的祖国吗? 学生都说:不能! 斯老师又问:那么什么叫"祖国"呢? 谁能再说说? 一位小朋友说:祖国就是我们自己的国家。斯老师说:×××同学讲得对，祖国就是我们自己的国家。我们的爸爸、妈妈、爷爷、奶奶，祖祖辈辈生长的这个国家叫祖国。那么，我们的祖国叫什么名称呢? 学生说:我们的祖国叫中华人民共和国。斯老师说:对了，我们的祖国叫中华人民共和国。我们大家都热爱我们的（学生一起回答）祖国。

这是斯老师教学中的一个片段，含义丰富而深刻。其一，童心与母爱是一个融合性的结构。童心、母爱可以相对独立地存在，但相互联系，表现为相互依存、相互渗透、相互支撑，形成一个结构。这一结构的显著特点就是融合。融合的结果，成为人的一种素养。其二，童心、母爱不只是一种素养，而且是素养的核心，是人发展的动力源泉。因为童心、母爱表现为一种情感，表现为情感文明，这种情感成为人发展的本质力量，激发人的理想和潜能。发展学生核心素养应培育他们的童心和母爱。其三，童心母爱下的教学，必须十分重视学生品格的提升。斯老师就"祖国"这个词语，层层推进，最后让学生自己建构了"祖国"的概念，自发地发出"我们爱——祖国"的声音。必备品格在核心素养中的引领地位，是不言而喻的。其四，在以童心母爱为内核的核心素养的培育中，十分关注学生能力的培养，而能力培养是融合在知识学习、思维展开、情感培育过程中的，知识、能力、情感态度已自然整合在一起了，成为一种综合的形态，这当然成为核心素养了。

斯霞老师早就自然而自觉地开展了综合式的教学。

4. 童心母爱的深层意义在于让学生学会学习，学会批判性思维

有一次，斯老师讲雷锋的故事，无意中说了一句："可惜啊，雷锋叔叔死得太早了。"马上就有一个学生站了起来，说："老师，你不能说'死'，应该说'牺牲'。"斯老师反问："为什么应该用'牺牲'呢？"学生回答说："因为雷锋叔叔是为人民利益而死的。"斯老师表扬了他，鼓励大家向他学习。斯老师的体会是：道德品质都是从一点一滴的小事培养起来的。还有一次上课，斯老师将袖子一捋，她看到一个孩子在指给同桌看，就立刻放下了袖子。又有一次，讲课讲热了，她随手拿书扇了起来，有个孩子向她提意见，说："老师，你不是说书是不可以当扇子的吗？"斯老师立刻接受了他的意见，承认了错误。

如果对这三个案例进行解读，那就是，让学生学会学习，学会发现问题，学习批判性思维，是真正的童心母爱，这样的童心母爱是专业的、科学的。而帮助学生发展批判性思维能力，关键是教师有开放的理念、包容的心态、引导的方式。重视思维能力，尤其是批判性思维能力的培养，是核心素养的应有之义，斯老师用她的教学实践对此作了生动而丰富的诠释。这让我们钦佩、感动。

三、擎着火把去照亮孩子，点亮核心素养的火苗

真实、自然，一切发自内心，一切都顺势而为，是斯老师的本色。她有这么一段话："据说夸美纽斯曾经背学生过河，我呢，也有这样的事情。有一天下大雨，学校门口积满了水，我把学生一个个背过马路去。"她认为，这不是什么壮举，只是教师的责任。她又说："尽管母爱受了批判，我说我爱得还不够，关心得还不够，班上四五十个孩子，我还没爱得过来。"斯老师，像一位慈祥的祖母，但她手中还擎着一支火把，她用火把去照亮每一个孩子。

我以为，像斯老师那样做过的事，我们肯定也做过。那么，我们与斯老师的差距在哪里呢？先看斯老师说过的一段话："人民教育家陶行知先生说

过，'从农业文明过渡到工业文明，自然科学是唯一的桥梁。小学教师必须拿着科学的火把引导儿童过渡'。我们中小学教师正是肩负着'引导'的重任。"从这段话中可以知道，斯老师手上有那只火把，时时刻刻在"引导"。她的"引导"是自觉的，童心母爱已成为斯老师的信念，成为她的人格特征。火把在她心里点燃、燃烧，在"引导"学生的时候，也在"引导"自己。教师只有首先"引导"自己，才能"引导"学生。我们应当像斯老师一样，点燃火把，擎起火把，去照亮自己，照亮每一个学生。

这支火把是道德的火把。道德是人类前行中永不衰竭的光源。教育事业首先是道德事业，教师首先应是道德教师。道德的首要特征是爱，是仁者爱人，是兼爱，是恻隐之心、辞让之心；爱是道德的起点，也是道德的特质。童心母爱说到底首先是道德。用火把照亮学生，是用道德照亮他们的心灵，让他们拥有金钱买不到的东西。

这支火把是专业的火把。教育是一种无法替代的专业，教师的尊严就来自专业的价值。童心母爱固然是神圣的情感、伟大的道德，但斯老师赋予它丰富的专业内涵，遵循儿童身心发展的规律和特点，遵循教育的规律和特点，把爱心、童心与科学统一起来。斯老师将研究儿童、认识儿童、发现儿童当作自己的"第一专业"。用火把照亮儿童，是用科学去"引导他们"。

这支火把是和儿童一起点燃和擎起的火把。它不只是在教师手中，也不只是去点燃儿童，它也在儿童手中，儿童也用这支火把照亮教师，照亮社会。斯老师每天和孩子们在一起，在一起学习，在一起研究，火把就是在平时生活里形成的、被点燃的，它点燃了核心素养的火苗。这是斯霞老师给培育、发展核心素养的智慧启示。

情境教育：核心素养的发展范式
—— 李吉林教育思想对学生发展核心素养培育的启示

一、李吉林：一个丰富而深刻的情境

情境，时代的话语。随着核心素养研究与实践的深入，情境的时代色彩越来越浓重，情境教育备受关注，自然，中国情境教育的创立者李吉林更让人崇敬，我们总想从她身上发现什么。

其实，李吉林认为自己没有什么秘密，她总是说：我是一个小学教师。不过，她说过另外一句话：小学是我的大学。后一句显然是对前一句的补充和诠释，将两句话合在一起，我们就会发现李吉林成为教育家的许多秘密。

李吉林曾用两个比喻描述自己："我是一个竞走运动员"，"我又是个跳高运动员"。之所以用运动员作比，我想和她热爱体育运动有关，要知道，她曾经是南通市的女排队员，还是江苏省跳伞运动员。不过，这倒不是主要原因，最重要的是她对生命、生命意义、生命状态的认知：人总是要有点精神的；我要克服女性的弱点。正是这两个浅近的比喻，让我们看到了李吉林的精神：竞走运动员，永远向前，永不停步，双脚永远不离开大地，踏踏实实，一步一个脚印，走得又快又好。那大地，是实践，是生活，是田野，给予她无尽的力量，铸造她脚踏实地的品格。跳高运动员，面前总有那根横杆，她要助跑，从大地上，弹跳起，越过它；而那横杆，不断提升，她便要不断起跳、不断越过。那横杆，其实是教育的高度、人生的高度，是意义和价值的高度。李吉林不断地超越自己，迈向新境界，登上一个又一个山顶，渐渐地成了一座高峰。

经历、实践是李吉林最好的见证人。"文革"刚结束，获得解放感的李吉林立即投入教育研究与实验：情境教学—情境教育—情境课程—情境学习—中国儿童情境学习范式—中国情境教育体系，一环扣一环，一步深一步，不断研究，不断深入，不断建构，没有停歇过。可以想见，其间会遇到多少问题、多少困惑、多少困难，可是，一切都在情境中得到克服和破解。因此，我常常想，李吉林创立了中国情境教育，情境究竟在哪里？情境究竟要靠谁去创设、构建？后来，我突然领悟到：李吉林本身就是一种情境，丰富、深刻又极为生动，不妨称之为"李吉林情境"。那么，我们学习情境教育，不妨先从"李吉林情境"中去探究、领悟和发现。

"李吉林情境"有许多情境因子，即情境元素和要义。首先是李吉林对教育事业的挚爱，爱得真诚，爱得深沉，爱得无比的执着。这种爱是对语文教学的，是对小学教育的，说到底是对儿童的。爱不能代替教育，但教育不能没有爱，爱能激发教育，教育需要爱的力量和方式。其次是追求。追求几乎成了李吉林的精神标识。追求在李吉林那就是向上向前向外，永不满足，永不止步，也许用尼采的话来描述更合适：新的进步新的荣誉，不是在所来之处，而是在将要前往的那个地方。"前往"就是追求。再次是事业。李吉林具有极高的专业意识和专业水平，既具有扎实的学科知识，又具有丰富的学科教学知识；既具有教育经验，又具有教育理论——条件性知识；既具有教育事业，又具有浓郁的多彩的生活情趣。专业让李吉林走得更深。第四是审美。李吉林是多才多艺的人，会弹琴，会跳舞，会游泳，会打球，会书法，会演戏，会朗诵，会主持……她具有很高的审美情趣和品位。是美学精神让她自觉地将教育与情境勾连起来，形成教育教学特有的意蕴和气象；是美学精神让情境教育走向新境界。第五是研究。李吉林是个研究者，善于进行教育的实验研究，近40年，一个课题接着一个课题，一项研究紧接着另一项研究。不仅自己独立研究，还和高等院校的教授合作研究，建立研究基地或研究中心，形成了研究机制。研究成了李吉林的学习方式、教育方式和生活方式，研究让李吉林的情境教育走得更高更远。

以上五个方面的情境因子，实际上是李吉林所体现出来的核心素养。核心素养早已存活于李吉林的教育教学之中，而且在教育教学中不断发展、不断壮大。李吉林的发展告诉我们，要成为优秀教师，必须培育与发展自己的核心素养，必须在教育情境中，将热爱、追求、专业、审美、研究等整合起来，成为一种综合形态，这样，它们就形成了核心素养。"李吉林情境"值得我们进一步开发和利用。

二、中国儿童情境学习范式的三块基石，让学生发展核心素养扎下根

李吉林建构中国儿童情境学习范式是个漫长而复杂的过程，但她很快乐，是因为她寻找到这一范式建构的几块基石。这几块基石让她增强了自信，也使这一范式建立在更扎实的基础上。基石进而又成为一个平台，与传统对话，与世界对话，与未来对话。

第一块基石：中华优秀传统文化。

情境教育受到国外母语教育和经验的启发，但它把根深深地扎在中华优秀传统文化土壤中，从中汲取思想和理论的营养。她说，中华民族的文化给予这一研究深厚的理论滋养，特别是"意境说"的理论对其有极大的启发。一千多年前刘勰的《文心雕龙》以及近代学者王国维的《人间词话》等"意境说"的代表杰作对她影响很大。她深切的体会是，"'意境说'虽然原本是文学创作的理论，或更确切地说是'诗论'，但在探索教育的过程中，却可'借古人之境界为我之境界'……一切境界无不为我、为儿童所设"。一个"借"，一个"无不"，道出了她在深谙"意境说"内涵、要义的基础上的借鉴、迁移与创造精神。

正是从"意境说"的沃土中，李吉林开挖出"真、美、情、思"四大特点，用于情境教育和儿童学习范式的建构。她的概括、提炼是："真——情境教育给儿童一个真实的世界"。这个世界是活生生的，是儿童可以观、可以闻、可以触摸、可以与之对话的多彩的世界。"美——情境课程以'美'为境界、以'美'育人"。通过美的形式、美的内容、美的语言，让美滋润儿童的心灵。"情——情境教育注重以情激情、以情育人"。情是教育的命脉，将儿童情感活动与认知活动结合起来，促使儿童的思维、想象、记忆等一系列的智力活动处于最佳状态。"思——情境课程讲究广远的意境、宽阔的想象空间"。以"意境说"中的"神思"之说，让学生在学习中思接千载、

视通万里。

李吉林小结说："'意境说'中的真、美、情、思，我以为正是儿童教育之所需"，而教师也应是"不失其赤子之心者"。这四个要素指向了儿童的核心素养，亦指向了教师作为"赤子"的核心素养。

第二块基石：现代学习科学理论。

植根于中华优秀传统文化，让情境教育形成了中国特色、中国品格和中国气派。情境教育又是一个开放的系统。李吉林把目光投向了国际教育改革的潮流，关注现代学习科学理论的新动态、新进展，促使中华传统文化及其教育理论、思想与现代学习科学理论发生连接，寻找其中联系、整合的契合点，又将这一切运用于情境教育中。情境教育既彰显东方智慧，又回应世界教育改革的走向，形成了大格局、大气象，显现了理论的高格调。

学习是一种科学。李吉林学习、借鉴现代学习科学理论，把重点放在教学设计上。她敏感地捕捉到："这些年来，教学设计在国际上已经发展成为各类设计工程中的一个新的领域。教学设计的国际观及对其理论、研究、模型、规划与进程的新的阐释，给我和我们团队的教师很多启示。"她将教学设计概括成以下几个方面：一是"学习知识的复杂性——整合知识，选择最佳途径设计情境"；二是"学习过程的不确定性——以情激智，换起持久投入的内驱力"；三是"学习系统的开放性——连接生活，凭借活动历练实践才干"；四是"学习催发潜能的不易性——着眼创新，不失时机发展儿童的想象力"。以上四个方面，针对儿童学习知识的复杂性、学习过程的不确定性、学习系统的开放性以及学习催发儿童潜能的不易性，以"利用艺术之美""情感生成之力""凭借儿童活动""发展想象、培养创造力"为对策，进行了高水平的教学设计，促进儿童快乐、高效学习。这样，现代学习科学理论聚焦并融会于教学设计中，而教学设计又以儿童学习为核心，形成了清晰的思路，体现了儿童情境学习的特色。

第三块基石：为儿童研究儿童的理念与方式。

儿童是情境教育的主语：情境教育是为儿童的，基于儿童的，以儿童为主体的，以儿童创造为境界的。这是李吉林的信念。深入的儿童研究，让情境教育真正成为儿童自己的教育，儿童的核心素养也正是在这样的情境中培养、发展起来的。

李吉林的儿童研究有三个特点：

其一，从宗旨看，她提出一个十分重要的概念：为儿童研究儿童。这是一句"大白话"，但意蕴却丰富而深刻。这句话"很有嚼头"。儿童研究有不同的目的、方式，也就有了不同的境界。有的儿童研究不一定为儿童，而是为自己，为自己有理论建树，为自己能有学术成果，甚或为自己成名成家；有的则可能为了学校的声誉；等等。显然，这样的儿童研究目的是不正确的，因而不可能真正认识儿童、发现儿童，也就不可能去研究和把握儿童身心发展规律和特点，当然就不能有效培养和发展核心素养了。李吉林为儿童研究儿童坚守了几十年，她所创立的情境教育是儿童自己的情境教育，儿童本身也就成了发展的情境。这不只是方法，更是一种具有超越意义的境界。

其二，从过程和方式看，与儿童一起研究。研究儿童是为了发展儿童，而在李吉林看来，儿童发展是儿童的主体行为，他们不只是教育的对象，也不只是接受研究的对象，处在"被研究"的状态，更应在教师的引导、帮助下，与教师一起研究，这样的研究是真正的学习，也是一种深度学习。李吉林采取各种办法，与儿童一起研究。首先这是一个情感培养、学习动力激发的过程，因为她认为"儿童是情感的王子"。其次，她让儿童参与到教育活动过程中来，无论是看日出，做小实验小研究，还是课堂上情境表演，儿童都参与设计，参与资源开发，也参与评价，因为她认为儿童有无限的潜能。再次，在李吉林的语文教学中，教学过程就是教师与儿童一起研究的过程，教师的研究与儿童的研究融为一体，因为她认定，学习、研究在情境中发生。

其三，从前提与保障看，教师也是儿童。李吉林说："我是一个长大的儿童。"她是儿童，她说："我在爱孩子中，渐渐长大了。我把这种爱，升华成自己的理念，又把它细化成自己的行为。"不过，她是一个长大的儿童，长大的儿童可能容易动情，不过，她说，"我又有意志"。这种意志来自教师的意识和责任。正是"长大的儿童"成为儿童研究的前提和保证，儿童与儿童相遇，才会发生真正的教育。儿童与儿童的相遇、对话是最为神圣、精彩的教育，是最为生动丰富的情境。

以上三块基石支撑着情境教育，同样支撑着儿童核心素养的培养和发展。中华优秀传统文化让学生的核心素养有了根与魂，有了文化自信，他们会走向世界与未来；现代学习科学理论，让儿童学会学习，学会发展，学会创造，用科学去引导儿童发现问题、研究问题、解决问题；为儿童研究儿童、儿童自己研究、与儿童一起研究，儿童在主体行为中成为发展需求的发出者、参与者、研究者，核心素养在研究中"长"了起来。更为重要的是，三块基石一起在儿童的学习中融合，知识、能力、态度情感价值以综合的形态呈现，核心素养形成了、发展了。

三、儿童情境学习范式中的要素、操作要义等可以催生儿童的核心素养

儿童在情境中究竟是怎么学习的，快乐而高效的学习究竟是怎么发生的，这是李吉林研究的重点，她探索出情境创设的六条途径、促进儿童发展的五要素、情境教育操作的五个要义，并在情境语文、情境数学、情境科学、情境体育美术等学科作了具体方法的探索。所有的这些要素、要义、途径、方法，都已转化为儿童的学习活动和学习方式，抑或说，这些要素、要义、途径本身就是儿童的学习活动、学习方式，更别说学科中的具体教学方法了。正是这样的学习活动、学习方式，蕴育着、发展着儿童的核心素养。

先看五大操作要义。李吉林所概括的五大操作要义是：以"美"为境界，以"思"为核心，以"情"为纽带，以"儿童活动"为途径，以"周围世界"为源泉。虽为操作要义，实质是学生发展核心素养的个性化表达。这一表达既具有情境教育的特点，又具有重要的普遍意义。其一，实质上，这是学生发展核心素养五大要素，这五大要素形成了核心素养的逻辑结构。从情境教育的角度看，核心素养就是应以"美"为境界，以"思"为核心，以"情"为纽带，以"儿童活动"为途径，以"周围世界"为源泉的。其二，这是学生发展核心素养的逻辑秩序：让儿童开发丰富的资源，在生活的源泉中，展开自己的学习活动，在情感的伴随与催发下，认识世界、发现世界、与世界对话，提升思维品质和思维能力，臻于审美境界。其三，五大操作要义，五个"以"不仅意味着对象与条件，也极具操作性，可以转化为儿童的学习活动，包括学习的策略、路径和方式。

对于情境教育促进儿童发展的五要素，李吉林作了概括，其中三条是：

以培养兴趣为前提，诱发主动性；以指导观察为基础，强化感受性；以训练学科能力为手段，贯穿实践性。此外，还有与发展思维相联结的着眼创造性，与激发情感相联结的渗透教育性。兴趣——主动性，观察——感受性，思维——创造性，情感——教育性，学科能力——实践性。这五要素，前者是手段、方法，后者则是价值取向；前者形成了学习活动的闭合环，后者则形成了价值链条。五大要素组合了儿童完整的学习过程，也正是儿童核心素养发展的完整过程。李吉林称它们为"促进儿童发展的五要素"，不正是儿童核心素养发展的五要素吗？

再看儿童情境学习最佳环境范式。环境可以形成学习情境，但也有一个转化、优化的过程。学生发展核心素养离不开最佳的环境。最佳的环境首先是教育空间的拓宽。儿童所在的空间，不应是封闭的，而应是开放的；不应是静止的，而应是流动的。在这样的空间中，学生才会有更广阔的视野、更丰富的资源、更多彩的创造性。最佳环境重在心理空间中人与人之间的距离，消除疏离感，增强安全感和亲近性，让学生进入最佳的情绪状态。最佳环境关键在角色定位和角色效应的放大。在情境教育中，只有"教师学生"和"学生教师"，没有其他的角色，就是说，无论是教师还是学生都应是教育教学中的主体，是合作的伙伴，是学习和发展的共同体。

在对情境教育的中国儿童情境范式进行梳理和分析的过程中，我越来越感受到中国儿童情境学习范式与中国学生核心素养发展范式是相契合的，而且还可以这么去判断：中国儿童情境范式为中国学生核心素养发展范式提供了鲜活的样本，对我们深入理解学生发展核心素养开启了一扇重要的窗户，使我们看到了中国的风景。情境教育对中国学生发展核心素养的研究与实施是有贡献的。

教育家的风格

在我国，风格最早是用来指一个人的风度、品格的，是对人之品貌的全面评价。在西方，风格一词的语意也是不断延伸和拓展的。法国博物学家、文学家布封在《论风格》的演说中说："风格为人的思想的一种秩序的安排和运转的方式。"他认为作品所含的知识、事实都是身外物，而"风格却是本人"。江苏省教育科研研究所研究员孙孔懿认为："风格是特殊的人格。"正因为此，歌德在《自然的单纯模仿·作风·风格》一文中说："照我看来，唯一重要的是给风格这个词以最高地位，以便有一个用语随手用来表明艺术达到和能够达到的最高境界。"我理解，"随手用来表明"，意思是风格能最简洁、最准确，也能最方便用来描述和全面评价一个人的整体风貌及其独特性。为此，我们也应该"随手"用风格来描述和评价教育家。

确实，风格不只是外在的东西，它关乎思想，关乎艺术，关乎人格，风格追求与形成的过程，正是人格的塑造和完善的过程，正是思想的锻造和提升的过程，也正是艺术不断臻于最高境界的过程。由此，不难作出这样的结论：风格是教育家的显著特征，是未来教育家的必然追求和重要条件，甚至还可以这么论断——风格是造就教育家的重要途径和突破口。讨论教育家的成长，风格是一个绕不开的问题。

一、教育家当有鲜明的个性和独特的风格

丰子恺先生曾经写过一篇随笔《李叔同先生的教育精神》，文中比较了

李叔同与夏丏尊的不同风格。夏丏尊曾经指出李叔同做人的一个特点：做一样，像一样。李先生一做教师，就把洋装脱下，换了一身布衣：灰色长布衫，黑布马褂，金边眼镜换成了钢丝边眼镜。他对学生和蔼可亲，从来不骂人。学生犯了过失，他当时不说，过后特地叫这学生到房间里，和颜悦色，甚至"低声下气"地开导他，态度的谦逊、真诚、郑重，使学生感动不已。这是李叔同的风格。夏丏尊则不同。夏先生心直口快，学生生活上大大小小的事情他都要管，像母亲一样爱护学生，学生也像对母亲一般爱他，都知道他的骂是爱。因为他的头像木瓜，学生给他取个绰号叫"夏木瓜"。其实这不是绰号，而是爱称。

李叔同与夏丏尊有着共同的特点：爱学生。所以，丰子恺称"李先生和夏先生好像我们的父亲和母亲"。相同的爱，却有不同的态度和方法，不同的态度和方法表现的是不同的风格。丰子恺的这段回忆，让我们对教育家及教育家的风格有许多新的认识。其一，教育家有着真实的人性。在学生面前，他首先是一个真实的人，不同的态度和方法是从心底里流淌出来的，学生感受到的是发自心灵深处的爱，因而学生能接纳、会感动。风格，确实是人格的特殊表现形态。其二，教育家既具有共同的人格特征，又具有不同的个性，教育家是具体的，是"这一个"，是"那一个"，教育家是一个丰富多彩的人的世界，而不是抽象的、笼统的。学生面对这一丰富多彩的世界，才觉得教育生活是完整、多彩、有趣的，才觉得教育家不仅值得敬重，而且可爱，是可亲可学的。其三，风格有着一些重要的特征，但其本质特征应当是独特性。所谓独特，有人用了比喻来诗意地描述：风格是众多合唱声中领唱者的旋律。领唱的旋律与合唱声浑然一体，又与众不同。教育家应当是合唱队中优秀的、独特的领唱者。教育需要领唱者，需要有与众不同的旋律——风格。

用这样的故事以及观点来观察当下教育家的宣传和解读，不难发现，在对教育家的认识上有失偏颇。主要问题是没有去关注和研究教育家的个性，即没有认真探讨教育家的风格。讨论与宣传教育家的精神思想，尤其是宣扬教育家的事业心、爱心，固然是对的，而且是必需的，但只解读这一方面而不关注个性风格又是很不够的，其结果往往会造成一些假象，误以为教育家是"神"，可望而不可即，深不可测，高不可攀。倘若如此，风格被遮蔽了，个性被淹没了，说到底，朴实而崇高的人性，可能被神秘化了。这是其一。

风格的"缺席"，往往使教育家失去了鲜活的个性，失缺了活力，从某种意义来说，这样的教育家是不完整的，也是不真实的。讨论与研究教育家的风格，让教育家回归真正的生活世界，让大家真切地触摸到教育家完整内心世界的这一面与那一面，这一种与那一种，从而倾听到真实的心灵的声音，感到教育家就在我们身边。这是其二。

前文所述，风格的追求与形成可以作为教育家成长的重要途径和突破口。教育家的成长有多个核心要素，也有多个发端，多个切入口和突破口，但因风格是特殊的人格，所以风格可视作教育家成长关键性的核心要素。从追求与形成风格入手，可收牵一发而动全身之效，推动教育家核心成长要素的实现，未来教育家在成长之路上可以走得更好更远。这是其三。

正因为此，在教育家成长的实践和研究中，应当将风格的讨论置于十分重要的位置。让风格永远在场，就是让真实的、完整的、鲜活的教育家永远在场，就是让我们广大教师、学生永远和教育家在一起。同时，让优秀、杰出教师有这样的追求：也许我成不了教育家，但我永远有教育家的情怀，永远有着自己的主张和风格，永远努力像教育家那样去教书育人。我以为，这才是"教育家办学"的崇高境界，也才是教育家培养工程或奠基工程的最高使命与旨归。

二、教育家风格的核心是爱的真诚与无私

1979 年春天，南京大学校长匡亚明收到一封奇怪的告状信。告状信没有原告的姓名，只注"一名教师"，也没有被告。更奇怪的是连申诉的理由也被"匿"了，被告有什么不当之处，也只字不提。匿名信的大意是：匡校长，我不想把我向您反映的意见写出来，只是希望您能在晚上 11 时后，到教职工宿舍前站一站，看一看，就可以晓得我的意见是什么，知道我批评的是谁了。如果您第一天看了没有悟出来，第二天再去就一定会全然明白我告状的主要内容。匡校长接到匿名告状信以后，按匿名信所述于夜里 11 时赶到了教职工宿舍楼前。那时的楼不高，只有四层，他一看，一层、四层灯火通明，可是二层、三层一片漆黑。他一看就明白了：开灯的在开夜工，关灯的已经入睡，而开夜工的是教师，早眠的是行政人员，行政人员住的楼层好，教师住的楼层差。他知晓了：行政人员"欺负"教师。这怎么行！大学

里不能容忍行政化倾向，匡校长立即要求给教师调换房子。这一举措，提升了知识分子的地位。

这就是教育家，这就是教育家的精神。匡亚明这位教育家以他自身的行动告诉我们，"教育家应当有精神，教育家的精神不虚空，因而也算不上伟大"，它具体、实在。我们常说，教育家的精神是挚爱教育事业，而匡亚明则用行动诠释了热爱教育事业必须落实在热爱教师和学生身上。我想，真心实意地爱教师、爱学生是热爱教育事业的核心，一个不真心实意爱教师、不把自己心灵献给学生的人，怎么可能是教育家呢？

匡亚明的事迹还告诉我们，真正付出爱是需要勇气的。匡亚明心底无私天地宽，不怕得罪学校行政人员，没有瞻前顾后，没有纠结，而是当机立断，毫不犹豫地作出决策，立即采取了行动。这让我想起了一个重要概念：知识分子。知识分子敢于坚持真理，敢于追求光明，敢于发表自己出自道德良知的独立见解，这才是真正的勇气，这样的人才是真正的知识分子。教育家首先应当是这样的知识分子。

说到爱学生，不得不想到胡适。胡适是教育家，他爱学生，一心一意，真真切切，又把爱隐藏起来，让学生不知觉，表现了一种大爱的情怀。林语堂是他的学生，出国留美留德的费用，名义上是向北大借的钱，其实是胡适个人资助 2000 美元，当然是无需归还的。没有这笔留学款，林语堂可能就不是今天的林语堂。青年陈之藩不是胡适的学生，比胡适小了好多岁，后来成了忘年交。出于对青年才俊的爱惜，胡适同样资助 400 美元作为保证金，让陈之藩出国留学，完成了学业，当然钱也无需陈之藩归还。胡适说："我借出的钱从来不盼望收回，因为我知道，我借出的钱总是'一本万利'，永远有利息在人间。"确实，胡适用自己无私的品格铸就了最重要的利金。"利息永远在人间"就是他的爱，他的帮助，永远在他所热爱的学生中，而学生又去帮助其他人，"利生利""息生息"，越滚越大。为着未来，为着民族，他的爱永远生发着巨大的效益。

教育家对学生的爱，因为是无私的，所以是悄悄的，从不张扬，也从不炫耀，反之，如果爱的行为轰轰烈烈，倒可能不是真正的爱，他很可能成不了教育家。有教师常常这样追问自己：今天我爱学生了吗？学生感受到了爱吗？第一句，固然重要，但第二句更重要，缺少爱的艺术，爱可能会变异，学生感受不到爱，爱的价值也就失去了。英国哲学家罗洛·梅认为爱与意志是教育中两个因素，应当相提并论，缺一不可，没有爱的意志只是一种操纵，缺乏意志的爱，必然只是一种无谓的伤害。爱的意志是什么？爱的意志在哪里？教育家告诉我们：爱的意志在对学生爱得真诚，对学生爱得无私。

三、教育家的风格是思想的血液

风格的深处是思想。福楼拜说，风格是思想的血液。别林斯基则说，风格是"思想的雕塑"。血液也好，雕塑也罢，是思想铸就了风格的力度和厚度。可以说，风格是思想的另一种表现方式，思想常常融化在风格中。所谓风格的独特性，主要是思想的独特性，独特的风格表达的正是独特的思想。我把独特的思想称为教育主张。教育主张是教育思想的个性化，教育主张较之一般意义上的教育思想或教育理念，更具稳定性，也更具体，教育主张也是教育思想学科化的表达，教育思想或理念化为教学见解，体现了教育思想与学科特征的融合。

我们可以先举一些其他的例子，因为"家"是相通的。张季鸾是民国时期最具声望的报人。1926 年，张季鸾郑重其事地提出了独立办报的方针，即"四不"方针："不党、不卖、不私、不盲"。"不党"主要是防范编辑工作受到政治理念的干扰；"不卖"则力图排挤金钱对报纸的腐蚀；"不私"主要从报纸功能上明确为公服务的原则；"不盲"则主要是从编辑主体角度阐明了实践中应规避的行为。这是张季鸾的办报宗旨。办报主张，形成了办报的风格，独立、鲜明、坚定。正是这样的主张，在他主持笔政的三十余年间，办出了最好的报纸。夺得国际建筑界最高奖——普利兹克奖的王澍，尽管他反对别人用风格来总结，但他确实有着自己独特的个性，因为他有自己的主张："我作为一个建筑师之前，是一个知识分子，一个文人"，"造房子就是造一个世界"，"我的建筑会呼吸"，"尊重过去，而不要只是把它抹掉"。王澍还不是教育家，但这些主张用之于教育（何况他是大学教授）不也道出了教育的真义与真谛吗？看来无论是报人，还是建筑师，还是其他什么"家"，有没有自己的主张，风格是不一样的。

尽管"家"是相通的，还是要回到教育家上来。叶圣陶，著名教育家，他有自己的教育主张。他讲过这样的话："小学教育的价值，就在于奠定小学生一辈子有真实明确的人生观的根基"，"学校教育的目的就在于使学生养成正确的人生观，因而不能不注意教育与人生的关系"。在这一核心主张与引领下，他又提出了"七大观"："学校教育应当使教育者一辈子受用"的教育本质观，"教育就是要养成良好习惯"的素质教育观，"就是为了达到不需要教"的教育哲学观，"受教育的人的确跟种子一样"的学生主体观，国文是"发展儿童心灵的学科""应付生活的工具"的语文教育观……历史走过了这么多年，至今我们都沐浴在"养成习惯""教是为了不教"以及"学生跟种子一样"等主张的阳光下，感受到丝丝清凉和永远的温暖。读着他的话，我们眼前浮现的就是叶圣陶那和蔼的面容、扬起的寿眉、智慧的眼神，那人格，那风格，一直抚慰着我们的心灵，撞击着我们的思想。

　　教育主张是教育家风格的灵魂，它让教育家站在一块高地上，俯瞰教育田野，瞭望教育的未来世界。教育主张让教育家的风格中满含学术的色彩和研究的含量，因而有厚度、有深度、有力度。用这样的观点来观察一下当今未来教育家的成长，不难发现，有些人虽努力、刻苦、勤奋，但缺失的是自己独立的人格、自由的精神，缺失的是独特的见解、鲜明的主张、深刻的思想，因而往往面面俱到而略显"平面"。当然这也是一种风格，但用希腊风格的原义——雕刻刀、用歌德关于风格是艺术的最高境界等论述来考量，这样的"风格"偏离了风格的深刻意蕴，缺失了思想的血液，因而它一定是平庸的，而且算不上教育家的风格，至少不是大家所认可所称道所仰慕的风格。

四、教育家的身份与风格以及必须谨防的"官风"

　　教育家的风格与他自己的身份认同与追求紧密联系在一起。教育家自己认同什么身份，追求什么，就会在实践中形成不同的风格。从这层意思来说，风格的确是特殊的人格。吴冠中认为，风格是人的背景，其含义是，风格是人格的投射，而且风格应当任别人去评说。

　　教育家应当有什么身份？应该形成什么样的风格？又应当警惕和谨防什么样的不良作风？

　　教育家首先是知识分子，应当有知识分子的人格和风格。季羡林曾被评选为"感动中国人物"，给他的颁奖词是：心有良知璞玉，笔下道德文章，一介布衣，言有物，行有格，宠辱不惊，贫贱不移……我认为，这是对季羡林最朴实然而又是最高的评价，季羡林是真正的知识分子。知识分子有自己的人格特征，那就是具有璞玉般的社会良知、独立性，以及批判精神，而且具有平民的情怀。显然，衡量知识分子的根本尺度不是知识。教育家的风格应当是：宠辱不惊、贫贱不移、不卑不亢、求真求实，脑中装着知识，但心中装着社会、祖国与民族。这样的风格与一些当官的风格截然不同。

教育家应当是学者，应当有学者的风度和风格。教育家视学术为生命，决不以金钱、利益、地位、官职为追求。一心追求学术的人，体现出的气质肯定是与一心当官的不同。梁启超，著名的思想家、教育家。作为教育家，梁启超的学问，自不待言。其实，他不仅学问做得好，站在讲台上，亦是别有一番风采。他给清华大学的学生上课，走上讲台，眼光向下一扫，然后是简单的开场白："启超是没有什么学问"，眼睛向上一翻，轻轻点点头，"可是也有一点喽！"谦逊，不乏可爱的自负。这是一种学者的风格、名士的风度，事实亦如此。同样是学者的熊佛西回忆他的老师梁启超道："先生讲学的神态有如音乐家演奏，或戏剧家表演：讲到幽怨凄凉处，如泣如诉，他痛哭流涕！讲到激昂慷慨处，他手舞足蹈，怒发冲冠！总之，他能把整个灵魂注入他要讲述的题材或人物，使听者忘倦，深入其境。"学者，学术铸就了自由的品格和风格。

教育家应当是研究者，应当有研究者的品格与风格。教育家不是教书匠，研究是他的方式和习惯。而研究者的态度是实事求是，承认无知，从问题出发，深入研究，力求突破。王国维，一代国学大师。他讲课逻辑性强，凡经他做过精深研究的课题，都有严谨分析，有肯定的结论。但是，当他碰到某些问题时，又常以"这个我不懂"一句就带过去，有时一节课下来，竟说了几个"我不懂"。"我不懂"，不乱讲、不搪塞；"我不懂"，需要研究，需要搞懂。教育家总是在研究中求学，以研究对待教学，研究是教育家的品格，形成了研究的风格。

说以上这么多，无非是说，教育家不是官，不应有"官风"，千万不能沾上官气，染上官腔，"官风"不是教育家的作风，也不是教育家的风格。遗憾的是，当下的一些名校长、名师对此缺少应有的警惕，甚至有所沾染。这，很危险。研究教育家的风格，必须让教育远离官僚化。让教育家以自己的身份，以自己的风格与品格，去引领教师，与大家一起去推动教育改革。

第三辑
向上飞扬、向下沉潜

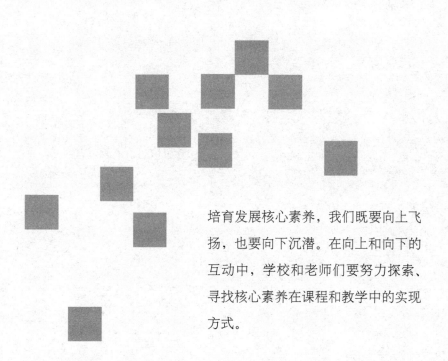

培育发展核心素养，我们既要向上飞扬，也要向下沉潜。在向上和向下的互动中，学校和老师们要努力探索、寻找核心素养在课程和教学中的实现方式。

核心素养与未来学校

——兼论北京中学

教育需要定义。现在对教育已有不少的定义，由于视角不同，存在不同的表述。在诸多定义中，有一表述为大家所关注：教育是对未来的定义。其旨意是十分明晰的：教育可以定义未来，亦即可以创造未来；有什么样的教育就有什么样的未来。道理也是为大家所认同的：教育是一个国家、一个民族发展的战略，具有基础性、全局性；教育引导面向未来，应当为国家和民族的未来担负起应有的重任。

一、规划、建构未来学校是所有学校发展的共同的必然走向

教育是对未来的定义，帮助我们建构起一种逻辑：所有学校都要走向未来，走向未来不是少数精英学校的专利；只有所有学校都去办未来学校，我们的未来才会更加美好。因而，这一逻辑走向形成了一个重要命题：所有学校从现在起就要作好准备，站在现在瞭望未来，用未来审视现在、改变现在，规划未来、设计未来，一步步走向未来。

这一命题是教育的重大使命。问题是：什么样的学校才能走向未来？什么样的教育才能创造未来？这两个问题暗含着另一个问题：未来在哪里？这似乎是个伪命题——未来当然在未来。其实，这是个真问题，因为未来不是虚空的，未来总有出发地，总有落脚点。对于这一问题，除了要按未来设计现在的学校外，我们至少可以有以下两方面的回答。

其一，未来总是隐藏在历史的文化密码中。历史造就了传统。"传统是围绕人类的不同活动领域而形成的代代相传的行事方式，是一种对社会行为具有规范作用和道德感召力的文化力量，同时也是人类在历史长河中的创造性想象的沉淀。"因而，"一个社会不可能完全破除其传统，一切从头开始或完全代之以新的传统，而只能在旧传统的基础上对其进行创造性的改造"①。毋庸置疑，传统中的行事方式、文化力量和创造性的想象沉淀，定会成为文化基因，演化为一种文化密码，悄悄地然而是强有力地起着重要的影响，或是规范，或是感召，或是想象。从文化学的角度看，未来实质上是种回归，回到传统中去寻找发展的密码，寻找精神范型、思维范型、关系范型、技术范型等。而且在回归的过程中总有新的发现和新的想象，引发新的创造，引发对未来新的构想。一个忽略传统、丢弃传统的学校是不可能有真正的未来的。

北京中学，一所新的学校，只有四年的历史。它有传统文化的密码吗？四年，也是历史，何况北京中学期望上承北京大学，下接北京小学。"北京"本身意味着宏大的召唤和深远的期待。可以说，中华民族悠久的文化就应是她的文化背景，北京中学应根植于中华文化的土壤中，她的脉管里应流淌中华民族的文化血液。校长夏青峰说，北京中学要办成北京风格、中国气派、世界胸怀的学校，这既是学校现在的定位，又是未来学校的定义，也正是从中华文化的基因里寻找到的密码，给学校一种悠远而又实实在在的文化力量和召唤，北京中学积极应答着。

其二，对未来的庄重承诺就是把一切都献给现在。未来从现在开始。建构未来学校本身就是一种庄重的、神圣的承诺，但是，未来之路就在现在的脚下，是从现在开始，一步一步走出来的。这里可以用得上几个文化常识。一是像苏格拉底那样，寻找智慧本质以后说，"我知道自己一无所知"。这不是对无知主义的辩护和赞赏，而是说智慧的生长需要扎扎实实的行动，第一个行动就是承认自己无知，为此要去学习、探寻、发现。对未来过多的憧憬，很有可能让你耽于无为的想象之中。二是中国古谚有云："与其坐而论道，不如起而行之。"坐而论道是需要的，也许这可以称为顶层设计，但不

①［美］爱德华·希尔斯．论传统［M］．傅铿，吕乐，译．上海：上海人民出版社，2009：译序1-2.

行动、不实践，缺少实干精神，未来怎能来到你身边？由此自然想到，学生发展核心素养是在实践中培育起来的，无论是中国核心素养框架中的"社会参与"，还是经合组织的"积极行动"，抑或日本的"实践能力"，都强调行动与实践。因此，对待未来学校的态度是一个人核心素养的体现。而现在的一切，都要指向未来，为未来学校的建设作好准备。

北京中学在行动。举办之初，就研讨学校文化理念系统，顶层设计育人模式。"世界因我更美好"是他们的校训；"学生全面而自由地成长"是他们的核心理念；"和而不同，乐在其中"成为他们的校风……北京中学积极进行课程、教学改革，改变学生的学习方式。捧读或翻阅学校的材料，心中自有一想法：北京中学提出建构未来理想学校的命题，已落实在一个个行动中了，他们对未来的承诺，就是用实践去兑现的。北京中学告诉我们，其实未来学校就在我们的行动中。

二、未来学校要以人的学习为中心，聚焦于学生发展核心素养的培养

学生发展核心素养的研究、制定，是世界上几乎所有的发达国家和重要国际组织的共同命题，其主旨是解决培养什么样的人和怎样培养人的问题，以核心素养引领学生未来的发展。比如，美国 2002 年指定的《"21 世纪素养"框架》（2007 年发布了该框架的更新版本）；比如 1997—2002 年世界经合组织进行的"素养的界定与遴选：理论和概念基础"研究计划，认为核心素养不是特定专业或职业生涯所要求的素养，也不是特定社会场域、民族或国度所要求的，而是人类的未来社会生活要求个体所需具备的最为关键的素养。中国在发布学生发展核心素养时，明确指出，"根本出发点是将党的教育方针具体化、细化，落实立德树人根本任务，培养全面发展的人，提升 21 世纪国家人才核心竞争力"。显而易见，核心素养都指向并聚焦于未来人才品格与能力的培养，因此，建构未来理想学校应当以学生发展核心素养为总领、为目标、为核心，否则，未来学校的建构丢失了魂，丢失了方向，很可能变成物质条件的改善和丰富，即使也进行课程改革、教学改革，但缺少了改革的重大准则，很可能将课程改革、教学改革技术化、工具化，甚至应试化。

核心素养是关于人的，是属于人的，是以人为主体培养和发展起来的，讨论核心素养必须讨论人的发展，未来学校建构，必须以核心素养来统领。以核心素养统领，说到底是以人的学习和发展为中心，以人的学习和发展来统领。新加坡于2010年研制的学生发展核心素养就是以人为中心的，着力培养四种人：自信的人、有学习能力的人、乐于奉献的人、心系祖国的公民。新加坡以人为中心展开了学生发展核心素质的多维设计。2016年韩国修订了初中等教育学生发展核心素养，突出了共同体素养的培育，仍然是凸显人在当今世界中的责任担当和博大胸怀。有的核心素养的研制似乎没有凸显人，其实不然。经合组织从"能互动地使用工具、能在异质群体中进行互动、能自律自主的行动"三个维度形成核心素养框架，每个维度的主体都是人，都是学生。中国学生发展核心素养更是以"全面发展的人"为核心，从三个方面、六大素养进行整体建构，有鲜明的中国特色。以上一些情况的概览，让我们看到了核心素养中人的身影，也必将看到人在课程、教学中的闪耀。道理非常明了：没有人的课程不是真正的课程，没有人的教学也不是真正的教学，同时，核心素养既是指向当下学生的，又是指向学生未来发展的，是要促进学生现代化的。因此，没有人的现代化，就不可能有未来学校、有未来的美好。换个角度说，未来学校就是要进一步培育、发展学生的核心素养，让人站立在未来学校的制高点上。总之，未来学校是为了人的，是面向人的，是以人为主体的，未来是人们创造出来的，舍此，无所谓未来学校，也就无所谓未来。

"以学习者为中心"，已成为教育改革的重要主题，其根本任务是落实立德树人。立德树人这一根本任务，引领我们探索、建构具有中国特色的育人模式，推动教育的转向：从知识、分数、成绩、升学率转向人的培养，从知识、能力、态度三个维度加以整合，以综合体现的方式使三维目标走向核心素养。这一育人模式的探索、建构的核心环节和途径是立德。国无德不兴，人无德不立；能力让你登上山顶，而道德让你永驻山巅；知识不全面，可以用道德来弥补，而道德不健全，知识是无法弥补的；道德是人全面发展旅程中的光源；道德应是课堂上空永远飘扬的旗帜……无论怎么论述道德在育人模式中的价值地位都不过分。因此，当我们十分关注人的关键能力时，千万别忽略人的必备品格。

当然，我们并非道德唯一主义者。立德树人根本任务下的"以学习者为中心"的育人模式，还应探索建构课程模式、教学模式、评价模式、管理模式。正是在这些方面，北京中学进行了可贵的探索，给我们以智慧的启迪：核心素养并不神秘，它原本就存活于学生的学习活动和生活中，只是以往我们并不自觉，中国学生发展核心素养的发布，使北京中学的态度更鲜明，行动更自觉。核心素养应当有校本化的表达，北京中学的表达是学会学习、学会共处、学会创新、学会生活。核心素养应当落地，北京中学的课程改革、教学改革都有具体的落实方式。论坛上，北京中学的学生与校长夏青峰同台汇报，学校把舞台、机会让给了学生，学生在校园的任何地方都有自己的平台，所有的平台都向未来学校展开。

三、学校课程应有未来性，要搭建通向未来学校的桥梁

课程是通向未来的桥梁，桥的宽度、长度，桥墩的支撑度、坚固度影响着人才的素养结构和质量。课程改革要听从核心素养的召唤，用核心素养来审视、改进、优化学校课程，让通向未来的桥梁基础更厚实、桥面更宽广、桥的一头伸向未来更长更远，学生在桥上行走找到适合自己的方式，和伙伴一起，沟通交流、合作互助，走得快乐、扎实，有新的梦想、新的发现、新的创造。总之，学校课程应关照现实性，更应关注未来性。

核心素养召唤和引领下的学校课程应着力在以下几个方面进行改革。一是要十分重视国家课程的高质量实施。当下不少学校把课改的重点、兴奋点放在校本课程开发上，轻慢甚或忽略了国家课程的实施。国家课程规定了国家对学生素养的基本要求，保证并提高国家课程的实施水平，提高教学质量是我们的核心任务，对此不能有任何的摇摆。但是，国家课程的实施，也应当在课程综合的视野下进行跨界学习。实施好国家课程，学生才有更良好的基础，背上智慧的行囊走向未来。二是校本课程开发要提高课程品质。校本课程对于培养、发展学生核心素养有着不可替代的作用。校本课程开发要坚持，不能后退。不过，作为课程，要具备应有的规定性，这样才具有课程的意义。当下校本课程开发存在随意、盲目的现象，在开发宗旨、程序和实施的途径方面，包括以教材形态代替校本课程等还存在一些突出问题，校本课

程的品质和水平有待进一步提高。有品质的校本课程才会有效促进学生的个性发展。三是课程综合要有更科学的把握。课程综合是课程改革的重要走向。课程的综合化包括综合课程的开发，对于学生核心素养的培养、发展所起的作用越来越大，课程综合化的开发与实施的任务也越来越重，这应当作为改革的重点。但是，对课程综合的认识还需要进一步澄清，即综合既是课程形态，也是方式和过程，更是理念，我们不能只在综合的课程形态上下足功夫，而忽略方式、过程和理念。事实证明，确立了综合的理念，把握了综合的方式，优化了综合的过程，教师是可以自觉地创造性地进行综合的。讨论到这儿，我们可以有了基本判断：课程的未来性也并不神秘，它就在课程的基础性、整体性、综合性和选择性上，坚持这"四性"，课程会带着学生和学校走向未来。

随着课改的深入，教学改革的重要性也日益凸显。我以为，在课程及其改革的诸多环节中，教学改革是具有实质意义的。这道理并不深奥：所有课程都要在课堂里聚合，聚合实质上是创造性地整合，是通过教学来完成的。高品质的课程只有在高水平的教学中才能立起来，课程的理念、目标、要求、原则才能真正得到落实，其间，学生的核心素养才能得到培育和发展。因此，应当非常明确地将课堂教学改革作为课改深化的一个重点，而且应当坚信不疑、坚定不移。这是其一。其二，课堂教学改革也应当在课改的语境下展开，应当充分体现、落实核心素养的理念和要求，让课堂教学成为学生核心素养培育、发展的基地和孵化器。

我深以为，核心素养召唤、引领下的课堂教学改革，应当进一步理清思路。一是要真正确立教学育人的核心理念和宗旨。应当好好领会苏霍姆林斯基对一位物理老师讲的话：你不是教物理的，你是教人学物理的。意思非常明白：教学，不只是教知识，甚至也不是只教能力，在教学过程的所有方面、所有环节的背后和深处，都应有"人"，都应有学生。人是人的最高价值，教学的最高价值当然也是人，是学生价值的体现和提升。只有将教学聚焦于人，认识学生，发现学生，促进学生发展，核心素养才会进入学生的心里，形成新的文化结构，外化为良好的行为习惯。这样，"知识就是力量"才能改变为"核心素养才是走向未来的力量"。二是要坚定地将教学的本质置于学会学习这一核心上，促使教学有根本性变化。实现这一变化，应当改变教学结构，但我们已开始意识到"结构重建不是文化重建……改变形式结构不同于改变规范、习惯、技能和信念"①。改变结构很重要，但不能从根本上解决问题。我们的另一思路是：设计学习活动，在学习活动中变革学习方式。教学活动其实质应是学习活动，用学习活动来贯穿教学过程，以学为核心的目的才能得到落实。三是让思维伴随学习过程。"学习就是要学会思维。"②杜威这一对学习的定义，道明了学习和思维的关系，所以，让学习真正发生，就是让思维真正发生；深度学习，我以为就是有挑战性思维的学习。而思维的发展，才可能让学生在学习中有精彩观念的诞生。四是让学习回到真实的丰富的复杂的情境中去，智慧是对情境的认知、辨别和顿悟。从某个角度看，智慧是核心素养的代名词。五是用现代信息技术来支撑、改变教学，让学生在更广阔的世界里学习，进行创造性学习。

现在，北京中学正在憧憬并走向未来学校，以"享受幸福人生，做中华栋梁"为学生的成长目标，以"智、仁、勇、乐"和"学习能力、共处能力、创新能力、生活能力"为学生的必备品格与关键能力，开发课程的基础性、拓展性、潜能性，形成阅历、学院、服务等课程系列，并促进学生的个性化学习、联系性学习、体验性学习。正是通过这些改革举措，探索课程育人、教学育人的实现方式，寻找核心素养落地的力量。运用课程这一桥梁，学校将通向更诱人的未来。

---

① [美]帕梅拉·博洛廷·约瑟夫等.课程文化 [M].余强，译.杭州：浙江教育出版社，2008：187.
② [美]杜威.我们怎样思维·经验与教育 [M].姜文闵，译.北京：人民教育出版社，2004：71.

核心素养的召唤与校长的积极应答

毋庸置疑，核心素养必将引领课程改革，以至整个教育改革。不过，我又认为，这样的引领首先是对课程改革、教育改革的召唤，是对校长和教师的召唤，召唤我们关注、研究并积极行动，实施这一主题。核心素养是个科学的结构，充满着召唤性，它是个召唤性结构；又充满着挑战性，它又是个挑战性结构。面对核心素养，我们应有的态度就是对召唤和挑战作出积极的应答。

显然，长三角地区学生发展核心素养的校长调研以及校长们的实践是一种积极的应答，对有关问题进行了较为深刻的思考和清晰的回答，对我们的启发是很大的。

启发之一：核心素养这一命题既熟悉又陌生，显现着研究和落实的张力，我们应亲近它、研究它。

核心素养，作为一个概念，无疑是新的，不过，它并不神秘。核心素养原本就存活在人的心理、文化结构中，原本就存活于学生的生活和发展中，原本就存活于教育教学的活动和过程中。试想，人之所以生活到今天，学生之所以一步步走来，学习、生活，成人、成才，不都是核心素养在起作用吗？过去，对它没认识到，没有发现它，并不意味着它就不存在。所以，核心素养不神秘，我们应当认可它，亲近它，与它为伴，让自己成长得更好。但是，这一概念又是新的，我们又颇有陌生感。它存在着，并不意味着我们就认识它了、发现它了。对核心素养的陌生感，让我们充满探究的欲望和创造的冲动。正是因为这种既熟悉又陌生的感觉，才使得核心素养这一命题既有张力，又充溢着魅力。

我们还应进一步认识到，大凡一个概念的提出，必然就会引起大家的关注。虽然核心素养原本就存活着，但它的提出，让我们的意识更强烈，培育、发展学生的核心素养的行动更自觉、更坚定，也更科学、更有计划。这样应答的意义不可小视。

启发之二：对核心素养，学校应当有校本化的理解和表达，努力形成学校实施的特色。

学生发展核心素养当然是关于学生的，其核心是学生的全面发展；而学生的学习与发展主要发生在学校里，学校是学生核心素养的孕育地、孵化器、加油站，因此，实施素质教育，落实核心素养的重任在学校。学校该作出什么样的应答？长三角地区校长们的应答是积极的、鲜明的，归结起来就是：对于核心素养要有校本化的理解和校本化的表达，只有从学校实际出发，才能寻找到落地的力量、途径、方式等，也才能形成学校实施的特色，在此基础上，逐步探索具有校本特点的模式，避免教育同质化现象的发生。

首先，大家认为学校应当积极行动起来。安徽省合肥六中的校长封安保说："雾里看花不如稳定前行"，要"卷起裤腿趟水过河"。"雾里看花"只是一种心理描述。核心素养并不是一片雾，它很清晰，但真正了解、准确把握仍然是个过程，现实中"雾里看花"的现象是存在的。"稳定前行""趟水过河"则是一种决心、信心和实实在在的行动。核心素养的实施是一个探索的过程，经历这一过程才能深刻认知和把握核心素养。当下，我们重要的是行动起来。

其次，核心素养的校本化表达是一个对学校办学与教育核心理念再梳理、再提升的过程。上海大同中学校长盛雅萍说得特别好："根据学生发展核心素养的要求，我们以国家意志、学校传统和时代使命等角度思考如何奠定学生健全人格和基本公民素养的基础，如何为学生的未来人生作准备。我们以文化为引领，对学校目标进行再提炼；以核心素养的培育引领学校课程变革，突出多样化和选择性，对学校课程进行再设计；支持学生个性化成长，对学校现有课程资源进行有效整合和深度开发。""再提炼""再设计""有效整合""深度开发"，正是校本化表达和校本化的实施任务。因此，学校完全没有必要再搞一套学生发展核心素养。正确的做法是，在核心素养

"国家标准"下，彰显学校的个性特点，形成学校实施特色。

再次，以核心素养引领，重要的是进一步推动学校文化建设。换个角度看，实施、落实核心素养本身就是学校文化建设，意味着要在文化上进步，培育学生的文化人格、精神品格。大同中学的"以有形文化为基，志存高远铸品格"，是一种文化情境下学生人格长城的筑成。这是大同中学文化自觉的生动体现，深刻启示我们，学生发展核心素养的养成需要丰富的、生动的文化氛围。

启发之三：社会责任感、创新精神和实践能力是学生发展核心素养的核心价值，要着力培养，让中国学生在创新实践中走得更远。

核心素养的中国表达是：必备品格与关键能力。而关键能力的培养，特别重视学习能力、思维能力、实践能力和创新精神的培养。这一重点既是世界教育改革的共同走向，又是我们国家特别关注、尤要提倡的学生发展核心素养，是中国学生发展核心素养的核心价值。对此，上海市教科院普通教育研究所的"长三角地区学生发展核心素养校长调研报告"中也有明确的结论："社会责任、实践创新、科学精神和人文底蕴是校长认为最为缺乏的。"调查研究支撑了核心素养的表述，也表现了校长对核心素养表述的高度认同。基于这样的基础，学校实施核心素养的培育方向才更明确，重点才更突出。

对这一核心价值的追求，校长和专家们也作出了积极应答。其一，创新精神、实践能力培养要创新师生关系。上海市中小学德育研究协会的陈镇虎提出了这一重要观点。他说："学生核心素养的形成离不开班级教育，其中师生关系是影响核心素养形成的关键条件。因此培育核心素养亟须改革和创新当下的师生关系。"他从"把握师生关系的科学定义"切入，对"转变观念，回归班级教育的本质""摆正位置，塑造教师的理想形象""了解特点，对接学生的话语系统"等方面进行阐释，并认为教师应有"七个改变"和"七个学会"。这些措施具体可操作。其二，要将创新精神、实践能力培养真正落实在课程中和课堂教学中，形成学校课程、教育的大格局。杭州市天长小学校长楼朝辉在学校的"历史回应"中说明核心素养一直在引导着学校的课程改革和教育改革："整体优化"实验、"差异教育"实验、"选择与交往"学校课程体系重构实验，直至近几年围绕学生"素养格局"规划，一路走来步步深入。"素养格局"是以课程格局、课堂教学格局为基础为重点的，其核心是促进学生全面发展，着力培养学生的创新精神与实践能力。同样，合肥六中的"跨学段课程""拓展课程"都旨在推进学生个性发展。其三，创新精神、实践能力培养应当有正确的道德价值导向，这就是社会责任感、家国情怀的培育，把个人终身发展的价值与社会发展价值统一在一起、融合起来。只有这样，才能真正实现课程育人、教学育人的理念和目的。

校长应是个领航者

"领航班"是培养领航者的。领航者应该有自己的必备品格和关键能力，我将其概括成"两个大，一个高"："大视野、大格局、高格调"。

左宗棠是我国著名的军事家，他有副对联，下联是"择高处立，就平处坐，向宽处行"。一个人要选择高的地方站立，站立以后才有大视野。也就是怀特海在《教育的目的》这本书里所说的，一个人要立起身来环顾四周。当他环顾四周的时候精神和理念就占据主导地位，立起身来看得远，向着遥远的地平线。择高处立还不够，还应该就平处坐。坐在大地上，扎扎实实，刻苦、努力、勤奋。就平处坐绝不是画地为牢，应该开放，所以它需要向宽处行。

第一，名校长首先是一个人，是一个好人。

大家都记得《傅雷家书》，傅雷给他儿子傅聪写信，每次开头都是"亲爱的孩子"。其中，有一封信他谈到了傅聪应该做一个什么样的人。傅聪当然是一个钢琴家。傅雷说：你首先是一个人，首先是一个真正的人，其次你是一个艺术家，第三你是一个音乐家，最后你才是一个钢琴家。钢琴是傅聪的专业，但是比钢琴专业更高的是音乐；他是个音乐家，比音乐家更高的是艺术家；而比这些都高的是一个人，是一个真正的人。所以苏霍姆林斯基认为，人的最高价值，是把自己真正当作一个人，这是在寻找自己的人生最高的价值。老子的《道德经》谈到"域中四大"：道大，天大，地大，人大。人大和天大、地大、道大共同组成了域中的四大。人不仅承天接地，而且体现了道，正因为如此，人为大。

的确，要做一个领航者，首先要做一个人。杨绛先生给我们做了最好的榜样。杨绛先生最后走到人生边上，坐在人生边上，那么的淡定从容。她说：我只是一滴清水，不是肥皂水。一滴清水多么渺小，但是一滴清水多么纯净，正是这一滴清水折射了阳光，反映了整个世界。而肥皂水看起来很大，但是瞬间它就会破灭，肥皂水看起来五彩斑斓，但是它有浮躁之气，浮华，浮夸。杨绛先生，一生淡泊名利。中国社会科学院曾经要聘杨绛先生为荣誉学部委员。杨绛先生拒绝了，她说"我不够格"。2013 年，第二届中华文艺奖把杨绛先生推为候选人，杨绛先生的回答是"自揣没有资格"。2014 年，她的母校牛津大学，就是她和钱钟书先生就读的那个大学的一个学院，成立 700 周年了，给杨绛发来了邀请信，聘她为学院的院士。两次杨绛先生都推辞了，她说，当时在牛津大学上学的时候只是一个旁听生，自己是没有资格的，不要把钱钟书先生的成绩归到她身上。院长说：不，我们不是看中钱钟书先生，而是看中你，你有自己的学术成就。第二次杨绛先生仍然说自己不够格。到现在她只有一个愿望，每天进步一点点，心境如水，读书自娱。这就是杨绛先生。周小燕先生也是如此，在她 90 多岁的时候，她说还要做一个足球运动员，已经踢完了上半场，还要踢下半场，而且下半场还想进两个球。名校长让自己成为一个真正的人、谦逊的人、有追求的人是多么重要。

　　第二，名校长应该是个"先生"。

　　先生是对教师的尊称。北京曾经有一个展览会，这个展览会上放了部纪录片，创造了一个奇迹：一个多星期内参观的人有 10 万人之多。因为这部纪录片的名字叫《先生回来》，选择的是民国时期著名的校长、著名的教授。制片人说："大师们、先生们一个个远去了，但是他们让我们看到一个民族的正面。""先生回来"，不仅是人回来了，更是为师之道回来，为师之德回来。

　　"先生之风，山高水长"。我们江苏镇江出了很多教育家，当今中小学语文教学的三位大师——于漪、李吉林、洪宗礼，都是镇江人。镇江市教育局请他们三位回到故乡，举办研讨会，主题就叫"先生回来"。于老师第一个发言，80 多岁的老太太，站着讲，第一句话说："我有个习惯，我作报告、写文章从来不打草稿。"于老师说，如果用两句话来概括她的为师之道，第一句叫作"我一辈子做教师"，第二句话叫作"我一辈子学做教师"。"我一辈子做教师"是对教师这个职业无限的忠诚；"我一辈子学做教师"，因为它是一个专业，永远要学习，教师是一个永远的忠诚的学习者。她举了例子。当时教语文，坐在办公室里备课的时候，坐在旁边的一位老教师忽然从她的备课笔记上发现一个字写错了，那就是"着"。于老师当时把它写断头了。这位老师讲："你要记住，一个老师写错字会影响学生一辈子。"于老师永远把这句话记住了。

李吉林老师"文化大革命"一结束，就进行教育改革实验研究。先是情境教学，然后是情境教育；不论教学、教育都有载体——课程，于是李老师又研究情境课程；课程教学的核心问题是学生学习问题，于是她第四步研究儿童情境学习。李老师用两个比喻来总结自己。一个比喻是"我是一个竞走运动员"。竞走运动员永远向前，走得又快又好，但是脚永远不离开大地，脚踏实地地向前进。第二个比喻是"我又是一个跳高运动员"。在我前面有一个横杆，我要翻越它，其实那个横杆是人生的高度，人活着就是寻找人生的意义，创造人生的意义，不断突破自己，不断超越自己。

洪宗礼老师在语文教育中有三大贡献：一是进行中外母语教材比较研究。这是大学教授学者要做的事情，但是一个普通的中学语文教师完成了。所以专家学者们说洪宗礼老师完成了从教师到学者的转化。二是教材编写。三是语文教学形成了自己独特的风格。全国人大常委会原副委员长许嘉璐曾经说过这样的话：在马路上看到洪宗礼，五步之外我就要向他鞠躬，因为他是一个先生。洪老师也有两句话来总结自己的发展。第一句是"我把工作当作学问来做"。一个名师，工作多重，多累，哪有时间搞研究？但是他说，工作就是研究，就是学问。第二句是"我要站在讲台上，还要站在书架上"。站到书架上意味着读书，意味着自己变成一本书，站在书架上还意味着要著书立说。

这三位都是先生。我进一步思考，先生的实质是什么？怎么才能真正成为一位先生？我以为先生的实质就是知识分子。知识分子固然应该有知识，但是有知识的不一定是知识分子，知识多的不一定是大知识分子。知识分子是超越职业的，他关注整个社会，具有社会责任感。知识分子在社会责任感的驱动之下有对正义、真理的追求，有批判的勇气和精神，这才是真正的知识分子。

第三，名校长是一个道德教师。

道德教师是超越学科的，道德教师固然是指教思想政治课的老师、团的干部、班主任，但是所有教师都应该是道德教师。"教育是科学，在于求真；教育是艺术，在于创造；教育是事业，在于奉献"。这三句话的背后或者深处还应该有另外一句话，那就是"教育首先是道德事业"。在伦理上有考虑的教师首先是道德教师。

道德教师的内涵主要是：首先，教师对道德的价值意义有深刻的认知和准确的把握。其次，本身有道德。再次，以道德的方式展开教育教学。何为道德的方式？道德的方式就是文化的方式，是吸引人的方式，而不是强制人的方式。最后，道德教师，需要结合自己所教学科的性质、任务及时地融入思想道德教育。这样的教师我称为道德教师。语文教师，请记住首先是一个道德教师；数学老师，请记住首先是一个道德教师；一个校长，请注意首先是一个道德教师。作为一个道德教师，作为一个道德校长，要进行道德澄清和价值引领，这才是真正的领航者。

第四，名校长是一个反思型的实践家。

这是日本教育家佐藤学提出来的。实践者和实践家是不同的。从实践者走向实践家，就是要有理性思考，实践者往往是凭经验生存的，实践家则是由理论来指导自己。

经验好不好？经验当然好。但是我对经验有两个观点：经验是可贵的；经验有时候又是非常可怕的。说经验可贵很好理解，熟能生巧，经验帮助我们成熟，帮助我们走向成功。但是只有经验不够，经验有时候是可怕的。有一个寓言故事对我们启发特别大：冬天下雪的时候野兔从洞里出来，在雪地上行走，寻找食物。它有一个习惯，一定要找到自己在雪地上走的时候留下来的脚印，踩着自己的脚印向前走，才有安全感；一旦发现脚印消失了，它马上退回到洞里，不再轻易出来，猎人想捉到野兔谈何容易？但是人是智慧的。猎人在野兔的脚印下面做了一个陷阱，上面又恢复成脚印原来的样子。野兔出来找到自己的脚印，踩着脚印向前走，不知道有的脚印已经被改造过了，一踩掉进了陷阱，被猎人捉住了。野兔不是很有经验吗？它又非常谨小慎微，为什么最后失败了？是因为经验没有改造，没有与时俱进，没有突破。我们要突破自己原有经验的框架，形成新的经验，才能不断向前走，才会真正成为领航者。有人对这个问题进行过研究，一个商学院的教授带领几个学生对世界五百强企业跟踪多年进行研究，最后得出一个结论：优秀是卓越的敌人。只满足于止于优秀，就不能从优秀走向卓越，当优秀成为卓越的包袱时，它就是敌人。

做一个真正的名校长，做一个真正的优秀的领航者，那就要超越自己，做一个反思型的实践家。反思就是走向理论，反思就是走向理性思考，反思就是走向实践智慧，反思就是走向研究，反思就是走向有根有据的说话。校长们不一定是思想家，但一定是思想者；校长们不应该是一般的实践者，应该是优秀的实践家。从实践者到实践家，从思想者到思想家，是永远努力的过程。

第五，名校长一定是个有风格的领唱者。

什么叫作风格？风格就是众多合唱声中领唱者的旋律，领唱的旋律是独特的。没有领唱者合唱队得不到提升，但是没有合唱队也诞生不了领唱者。优秀的合唱队是一片高地，领唱者就是高地上竖起的高峰。歌德说，风格是艺术家所企求的最高境界。雨果说，没有风格你也可以一时成功，也可以获得掌声、欢呼、桂冠；但是，你不可能得到真正的成功，真正的荣誉。雨果又说，风格是打开未来之门的一把钥匙。要把学校办得好，航船永远行驶在无边无际的大海上时，你要有风格。校长的风格一定会影响学校的风格，而风格的本质是人格。因为风格是特殊的人格。风格具有独特性，其实独特性背后是思想性，思想性才是风格最重要的特征。思想是风格的血液，风格是思想的雕塑。校长要学习，要不断研究，要提升自己，丰厚自己，获得一种领航者在大海上行进的能量，那是思想的力量，文化的力量。

不妨将以上五点视作：名校长，这一领航者，应当有自己发展的核心素养，把握发展中的关键因素。

做个好教师

一、坚守教师发展的主题：做个好教师

这是个需要名师、教育家的时代，也是个能诞生名师、教育家的时代。但何为名师、教育家？名师、教育家究竟是怎么诞生、发展的？答案可能很多，不过，其中一个答案必须引起我们更多的关注并付诸实践，这就是名师、教育家首先是个好教师，名师、教育家是从好教师中发展起来的。因此，教师首先要做个好教师；教师发展的主题应当是：大家做个好教师。

大家做个好教师，这一主题诠释了以下三个方面的问题。其一，做个好教师是面向所有教师的。教师专业发展的主题假若定位于少之又少的名师、特级教师的培养上，必然只顾及少数教师，忽略甚至放弃了全体教师发展，而忽略、放弃了全体教师发展，必然使名师、教育家成长丢失了基础，更为严重的是影响了教育质量的整体和全面提升。只有召唤所有教师都发展，都争取做个好教师，才能构造名师、教育家成长最丰厚的土壤。其二，教育需要高地，也需要高峰，没有高峰的引领，高地显得平庸，这就叫"好的平庸"。问题的另一面，倘若没有高地，高峰也耸立不起来，即使有所谓的高峰，那也一定是虚空的。高峰与高地相互依存、相互支撑、相互影响，高地才是真正的高地，高峰才是真正的高峰。好教师的群体好比是高地，在瞻仰高峰的时候千万不要忘了深情地凝视那一片高地。其三，好教师是基本要求、普遍要求，但基本要求并不低，达到基本要求绝非易事；普遍要求并不普遍，面向所有教师，内在地包含着鼓励教师个性发展、更好发展。正是基

本的、普遍的要求为教师的个性发展、更好发展奠定了良好的基础，提供多元发展的可能。

由以上初步分析，不难得出一个结论：教师专业发展的主题是大家做个好教师，而非名师、教育家成长。值得注意的是，当下的名师发展、教育家成长口号过响、热度过高，无论是口号还是实际的行动举措，名师、教育家成长成了重点、焦点、兴奋点，这就有意或无意地遮蔽了做个好教师的要求，大部分教师的积极性势必受到影响。具体表现为：建立特级教师工作室、名师发展共同体，成为学校发展的重点战略；所谓新教师、青年教师的培养规划，其目的实际上也是从中选苗子，把目标指向了名师。由此不难看出，名师培养、发展成了教师队伍建设的轴心，成了主题。此外，对学校的评价、考核，重要指标是名师的数量、名师发展的梯度等，对名师培养的权重被提到不合适的地位。显然，这对一般教师形成了不合理的压力，在很大程度上不仅没有起到鼓励作用，而且很可能让他们感到压抑。因此，对当前教师专业发展我们应当多一份理性，多些反思，准确把握教师专业发展的主题，让大家做个好教师的声音再次响起来。

持有这样的态度和观点，我们应该重温习近平主席教师节关于做个好教师要求的深刻含义。我们会更加自觉起来，让教师专业发展更具方向感、价值感，因而主题才会更鲜明、更坚定。

二、好教师好比一滴清水，其内涵相当丰富，有更生动的表达

杨绛先生曾经说过这样的话：我只是一滴清水，不是肥皂水。这是她的自谦之词，也生动而深刻地描述和阐释了她自己的定位，道出了一个理念，描绘了一种形象：好教师好比一滴清水。

是一滴水，很微小，但不渺小，它折射出的是阳光，也会映照土地。清水，更难能可贵的是它的清纯、明亮、美丽，而肥皂水则不然。肥皂水虽然五彩斑斓，却会瞬间消失殆尽，虽到处飞扬飘荡，却显得浮躁、浮华，甚至浮夸。正是这一滴水，让她从容地走到人生边上，又从容地坐在人生边上，从容中低调，低调中积极，积极中丰盈。也正是这一滴清水，让大家记住她、怀念她、崇敬她、学习她。教师好比一滴清水，是说好教师平常、普

通，却自信、自豪，还有伟大。有人曾这样论述过伟大：不是显得伟大，而是因为伟大。"显得"伟大那是在"秀"，而"因为"伟大那是在"干"。好教师就应该是这样的伟大，就应该这么去追求伟大。看来，名师、教育家是伟大的，好教师也是伟大的，从某种角度说，好教师的伟大更可贵、更重要，因而更伟大。

不必回避伟大。帕克·帕尔默在《教学勇气——漫步教师心灵》里说，伟大在哪里？伟大不是那些对象、工具，而是事物本身，即主体，亦即自己，这叫伟大的事物。帕克·帕尔默实际上是在阐释：当你作为主体的时候，当你在不断追求和塑造自己心灵的时候，你已开始成为伟大了，也许这才是教师最伟大的教学勇气。帕克·帕尔默的观点已被中国好教师证明、演绎了，中国好教师正用自己的话语来表达伟大。

如前文所述，于漪老师说：我一辈子做教师，我一辈子学做教师。多简单、平实，内涵却丰富、深邃。一辈子做教师，是对教师事业的热爱、忠诚、执着、不离不弃，发自内心深处的喜欢；一辈子学做教师，正是这一个"学"字，道出了做教师永远是个学习的过程，不断学习、不断领悟、不断改进，是个终身学习者。好教师之好，就好在"一辈子"和"一辈子学"上。谁不赞扬于漪老师是个好教师？她永远被人尊敬。

李吉林老师说：我是一个竞走运动员，又是一个跳高运动员。运动员的特征是"运动"，是实践，是行动。竞走运动员走得又好又快，永不停步，永远前行，向着明亮的那方，可是她的脚永远不离开大地，脚踏实地，一步一个脚印。那根杆子是根标尺，是目标，是高度，跳高运动员就是不断提高那标尺，不断提升高度，然后去跨越、超越。其实，李吉林跨越、超越的是人生的高度。从情境教学到情境教育，再到情境课程，再到情境学习，不断攀登、突破。李吉林是个好教师。好教师之好，好在自我超越。

洪宗礼老师说：我把工作当作学问来做；我要站在讲台上，还要站在书架上。工作即研究，研究即学问，研究就在日常平凡、繁琐的工作中，学问就在即时性的研究中；站到书架上，时时在读书，自己就成了一本书。从书架上再回到讲台前，他把脉管里的血液换了一遍，呼吸也变得更自然，这就迫近了永恒。好教师之好，好就好在商量、研究、学问、专业，这样的好就是一种崇高。

好教师是伟大的，我们应当做个好教师。教师专业发展的这一主题永在教师生涯中熠熠闪光。

三、从教师专业发展到教师发展：教师应当有大格局

教师专业发展这一命题的提出，是中国教育的一大进步。教育是专业，是有边界的；教师是专业工作者，具有不可替代性。这就赋予教师这一职业以专业认可，体现了专业价值，获得了专业尊严。当前的课程改革、教学改革，以至整个教育改革，专业水平亟待提高，用专业的方式做专业的事，尚有不小的差距。所谓专业，实质是把握从事工作的本质、特质，遵循其规律、特点，所做的一切要"踩在点子"上。从这一要求出发，认真反思，实事求是地判断，发现我们做得还很不够，专业发展是永远的重点。

具体专业是什么？对教师来说，首先是他的学科专业，比如语文教师的专业是语文和语文教育，数学教师的专业是数学和数学专业，如此等等。毋庸置疑，学科专业是教师的身份和标志，一个学科专业水平不高的教师，是成不了好教师的。应当关注的是，无论是总体还是个体，教师的学科专业发展既存在着"先天不足"——在大专院校里还不是学得非常扎实的，又存在着"后天不够"——后续学习、拓展、掘深没有跟上，因此，学科专业发展不能有任何的懈怠。其次是课程。随着课改的深入，课程已进入教师专业发展范畴，课程意识、课程理念、课程体系、课程评价等是现代教师必备的专业。这方面我们已有了长足的进步，进展的步子在加大。但是，课程的意识还比较薄弱，有的还很脆弱，理论上还不清晰，实践上还不自觉，有时理论与实践脱节，甚至发生冲突，二者形成对立。课程专业发展同样不可松懈。

与此同时，我们还应有新的追问：在学科专业、课程专业以外、之上，还有更大的专业吗？其实，这一追问的另一种解读是：究竟如何解读专业？我以为，教师专业发展，既有狭义的，又应有广义的，狭义的专业是学科专业，也包括课程专业，而广义的专业则内涵更广更深。以上对追问的两种解释，带来的思考是，如何更准确地命名，是教师专业发展，还是教师发展？我的主张是：教师发展。教师发展包含着教师专业发展，应当在重视专业发

展的同时，更重视教师发展，从教师专业发展走向教师发展。这就是教师专业发展的大格局。发展的格局影响着、决定着教师发展的视野、规格、品味和水平。当下教师发展的问题就是：格局不大。我们的任务是，确立超越的理念，让教师发展有大情怀、大视野、大格局，因而有大智慧、大发展。这样的要求体现在以下几个方面。

教师首先是人生意义的追索者和创造者。这是教师发展的根本动力，我称之为"第一动力"。人是意义的存在，而人的意义不是别人赋予的，而是自己创造的。不过，人既可以是意义的创造者，又可以是人生意义的破坏者。教师当然要做人生意义的创造者。这对于教师发展来说，似乎太远、太空，过于形而上，不接地气。我认为，教师发展固然要接"地气"，还要接"天气"。所谓"天气"，就是人生意义、理想、精神、思想，这是形而上的。只有"地气"与"天气"同时接通的时候，即形而上与形而下相结合的时候，教师的发展才能从根本上、完整性上得到保证。教师发展应有较高的价值立意和价值追求，这就是教师发展的核心要义，也可视作教师发展的核心素养。

教师应是道德教师。道德教师超越了学科，即所有学科教师首先是道德教师。道理并不难理解：教育首先是道德事业；道德是人发展进程中的光源；国无德不兴，人无德不立。道德教师的内涵是：教师有道德；教师对道德的价值有深刻的认知；以道德的方式展开教学；根据学科的特质、特点有机融入道德教育。显然，这对教师的道德修养及其水准提出了更高的要求。唯此，立德树人的根本任务的落实才有保证；也唯此，教师发展才更具道德方向感。

教师是课程领导者。领导与管理比较，领导是个复数，校长可以是课程领导者，教师也可以是课程领导者。这是理念上的一大转变：从教师是课程的忠诚执行者到课程开发者，再到课程领导者，其间都贯穿着课程研究与创造。作为课程领导者的教师，要关心自己所任教的学科，还要关心整个学校课程，不仅关心、关注，还要参与课程的决策与规划，参与课程体系的整体建构。这是其一。教师还应自己开发课程，有学校将其称为教师课程。从开发主体和课程领导者的理论来看，这一概念是成立的，其实践也是可行的。所谓教师课程，是指教师从实际需要出发，根据自己的理念和追求，开发学生个性发展的课程。这是其二。教师还应帮助、指导学生自己开发课程，让课程真正成为儿童自己的课程。这是其三。说到底，所有课程，教师都在进行创造性开发、整合开发。

教师应是优秀的儿童研究者。教学离不开儿童，教学研究与儿童研究不是两张皮，而是一张皮，"教学即儿童研究"已成了当前教学改革的一大趋势。名师、教育家成长的历程都在印证这一信条：优秀教师应是优秀的儿童研究者，对儿童的认识有多深，对儿童的发现有多准，教学的成功才会有多大。认识发现儿童是儿童研究的主线，也是教师发展的核心素养。问题的另一面，儿童对你有多爱，儿童对你所教的课程有多少惊喜感，你的成就感就会有多大。教学即儿童研究将教师专业发展推向深处。

好教师是反思型的实践家。不是一般的实践者，而是实践家。实践家不同于实践者的，在于有理论支撑、理性思考、研究方法等，而这些要求往往聚焦在反思上。学会反思，就是学会批判、学会改变。反思是好教师的重要特征，也是成为好教师的关键。

以上对好教师的定义，是超越学科专业的，有的也超越了课程专业。这是一种大情怀、大视野、大格局。好教师是"大教师"。

儿童研究是教师"第一专业"

一、教师专业发展应当基于学科专业，但一定要超越

随着"教师专业发展"概念的确立及其命题的研究与实践推进，教师拥有了对自己专业价值的认知，并以此逐步树立起自己的专业尊严。而且，可喜的是，专业价值与专业尊严激起了教师专业发展的动力，形成了专业发展的路径，专业水平有了明显的提升，具有专业特质的教师不断成长。这足以说明，一种揭示规律、彰显特质的概念和命题的形成与坚持，是可以推动发展的。

事物发展总是一个不断深化认识、及时反思、适度调整的过程。教师专业发展正是如此。如果作些深入考察和理性分析的话，不难发现教师专业发展中尚有一些值得关注和改进的问题，我认为，关注教师专业内涵的理解和把握就是当下一个比较突出的问题。

毋庸置疑，学科是教师的专业，须臾不可离开，而且任何时候都不能轻慢。世俗地说，学科专业是教师的立足之本；"学术"地说，学科专业是教师发展、跃升的基石。斯霞、于漪、李吉林等，哪一个没有自己的学科，哪一个不是自己的学科之路上的开掘者、领跑者，最终成为佼佼者？完全可以这么认定：教师专业发展必须基于学科专业。同时还可以这么判断：当下基于学科专业的发展，我们还做得很不够，其有待发掘的空间仍然是相当大的。因此，学科专业发展永远是一条没有终点的路。其间，每一次小的抵达，都是又一次新的出发。

不过，值得注意的是，现实中的"基于"学科专业，往往变成了"囿于"学科专业，不少教师"陷"在学科专业上，跳不出，展不开，走不远。究其原因，主要是认识上的误区：把学科专业当作唯一的专业，似乎舍此就无其他专业可言了。比如，教师，包括一些学者都强调"学科味"，这当然是正确的，而且是十分重要的，问题是，究竟什么是"学科味"，怎样才能提升"学科味"，并没有搞清楚。这样带来的结果是，不断筑牢学科的边界，把教师专业发展紧紧绑在学科专业发展上。"囿于"学科专业，教师发展的通道必然狭窄，其视角往往褊狭，最终很可能造成教师的专业素质结构不合理，文化背景不丰厚，专业水平难以进一步提升，优秀的、杰出的教师难以出得来。面对"囿于"学科专业的问题，我们应当保持一份警惕，同时还应有这样的追问：难道教师的专业发展仅仅是学科专业的发展吗？到底应该怎样理解和把握教师的专业内涵？

答案当然是清楚的。我的观点是：教师专业发展应当基于学科，但又应当超越学科。其讨论的视角可以有多个方面。

其一，教师身份的视角。教师的身份首先是教师，其次才是学科教师。"教师"这一身份，内在决定着同时外在也要求着教师的素养要全面，视野要开阔，要超越自己所教的学科，全面关注和关怀学生的生活。而学生的生活原来是一个完整的世界，它不只是由学科构成的，而且是从学生的知识经验和需求出发，并以此展开的。事实上，一个好教师首先是学生生活的指导者和精神发育的引领者，这就要求教师超越自己的学科。当然，不可否认，为了全面育人，教师可以建基于自己的学科，从学科的特点出发，但他又总是悄悄地"离开"学科。这种"离开"实质上是一种超越。教师专业的超越性是与"教师"这一身份紧密联系在一起的。"教师"这一身份让教师"专业"内涵更丰富，超越学科是不言而喻的。

其二，学科定义的视角。当今有许多概念需要重新定义，佐藤学称之为"再定义"。他对学科的再定义是："学习的文化领域"。这一"再定义"的意义在于，它打开了学科的边界，走向了领域，走向了综合。这种走向势必让教师专业基于学科，又超越学科。从课程发展史来看，学科总是从综合走向分科，又走向更高层次的综合。因而建构了新的边界。新的边界的建立，可以让学生和教师都在交界上对话，在边缘地带创新。显然，学科的新理解、新定义，涉及对学科专业内涵的新理解、新定义。在这"再定义"的时代，仍囿于固有的专业理解显然是落后的——这种"囿于"不仅不会促进教师的专业发展，还会阻遏教师的专业迈进，影响教师全面素养的提高。

其三，专业知识结构的视角。教师的专业知识是一个结构。我认为，教师的知识由四部分知识构成：学科知识、学科教学知识、条件性知识、文化性知识。如果说，学科教学知识仍属学科知识范畴的话，那么，条件性知识、文化性知识显然已超越了学科。所谓"条件性知识"，主要是教育理论知识，它不属于教师所教的那个具体学科，但在教学中具有渗透性和引领性；所谓"文化性知识"，似乎也与所教学科无甚多关系，但它让学科教学更具文化含量，让教师更具文化活力与魅力，看似无关，其实关系甚密甚大。用这一知识结构来观照，我们会发现，教师的专业知识结构不完整，编狭在所教的学科上，越发影响教师专业知识结构的形成。于是，我们应该坚信：教师的"专业"应当超越学科。

其四，实践的视角。曾经在南京师范大学附属中学的校史馆里看到这么一份史料：上世纪二三十年代，南师大附中是当年的中央大学附属实验中学。学校规定，所有教师每年都要到中央大学进修，进修的选修课程的规定相当明确和严格：首先，选修与自己所教学科没有关系的课程；其次，选修与自己所教学科靠得比较近的课程；最后，选修自己所教学科的课程。这一规定难能可贵，也耐人寻味。80多年过去了，如今我们对专业理解得如何？无关的、靠得近的，其实都是内在联系着的、互相影响着的，都是有关的。如今，假若教师的专业还止于狭隘的专业理解，那就不是什么倒退的问题了。对此，用感性的方式来表达，那就是：真的，教师专业发展既要基于学科专业，又要超越学科专业。

二、教师发展应当有"第一专业"，这"第一专业"是儿童研究

教师专业发展的超越性要求我们去寻找比学科专业"更大""更高"的专业，这"更大""更高"的专业一定是存在的，而且，一直起着作用。亚里士多德曾提出过"第一哲学"的概念。他认为，"第一哲学"这门学问具有为所有其他哲学部门准备基本概念和基本规律的功能，其成果是所有具体

哲学部门的预设的前提，因此，它应当是"在先"的——最先的，所以被称为"第一哲学"。学理上的相通可以发生迁移。既然有"第一哲学"，那么，认定有教师发展的"第一专业"不仅是成立的，也是理所当然的。

教师发展的"第一专业"应具备一些基本性质和特征。我认为，"第一专业"有如下性质和特点：

一是宏大性。所谓"宏大"，主要是指这一专业更注重对专业的战略思考，从宏观的专业发展上去把握专业的内涵和发展方向。一如庄子在《齐物论》里所说，"大知闲闲，小知间间。大言炎炎，小言詹詹"。闲，空也，空，无限大也；间，隔也，隔，细小也。具有大智慧的人，善于从大的方面去思考和规划，其言语表达也具有宏大的气势，而非拘泥于细小而陷入琐碎。"第一专业"是种大智慧，"第一专业"让教师拥有大智慧。具体学科不能算是细小和琐碎，但一旦囿于甚而拘泥于此，而遗忘宏大的方向性，就很有可能使教师发展处在"间间"和"詹詹"的状态。事实上，这样的现象不是没有，而是比较普遍地存在着，如不注意，很有可能从普遍现象变成一种倾向，因而妨碍教师的专业进步和发展。

二是在先性。所谓"在先"，就是它要走在其他专业的前面，它是"预设的前提"，要为所有的具体学科或部门准备和提供"基本概念和基本规律"。反过来说，没有"第一专业"的在先，就完全有可能让具体的学科专业或部门失去前提而茫然，进而失去根据，违背基本规律。因此，"第一专业"是其他学科专业的"先驱者"。实践中，"第一专业"往往缺失，抑或常常造成"第一专业"的滞后。事实上，"第一"的意义倒不仅仅在次序上，更为重要的意义是，"第一专业"应当贯穿教师发展的始终，它具有全程性。倘若缺失或滞后，都会让教师专业发展失去依凭。因此，关键的问题是，在教师专业发展中，要着重思考，应当让什么基本概念先行一步并贯穿始终，应当用先行的基本概念形成什么样的核心范畴。对此，许多教师颇感困惑，而且深感迷茫，我们必须给予专业提醒和支撑。

三是统领性。西班牙哲学家弗尔南多·萨瓦特尔在其著作《哲学的邀请》中论及哲学和科学的关系。他认为科学处在"信息"和"知识"这两个层次之间，而哲学则处在"知识"与"智慧"这两个层次之间；哲学之于科学的最大区别是，哲学是"传授一种方法，或者说是一种进行思考的道路，一种看待问题和论证问题的方式"。其中也包括提供基本概念和基本规律。我认为，"第一专业"实质是一种哲学，它引领人们从知识走向智慧，从单一走向整合，从表象走向内核，培育问题，进行追问和思考，因而，它具有统领性。"第一专业"的哲学方式引领所有学科的发展，引领所有学科教师在更普遍的意义上，在更高的层次上发展。

那么，具有宏大性、在先性和统领性的"第一专业"究竟是什么呢？当年，在古希腊，所谓"第一哲学"不是一种，大致有三种。同样，教师发展的"第一专业"也不会只有一种，因为个人讨论问题的视角、逻辑的出发点是不一样的。在学习、思考和实践的基础上，我以为，儿童研究应当是教师发展的"第一专业"。其理由大致有以下几个方面：

从教育的对象看，无任何疑义，儿童是教育的对象。教育的对象意味着，教育是为着他们的，是从他们出发的，是基于他们的。倘若连对象的兴趣、经验、需求以及个性都不了解，教育便失去了依凭，也失去了意义和价值。因此，儿童需求是教育的基点，儿童发展是教育的出发点。然而事实却是，教育常常不了解儿童，而凭经验、凭想象、凭成人的需要来对待儿童，甚至以教师自己的意志代替儿童、"绑架"儿童。教育的边界里其实没有儿童，教育是忘掉儿童的。这样，教育难免误判儿童，而且撞倒儿童。可以说，教育成功的密码在于我们教育的对象——儿童上，在于研究、了解、发现儿童；反之，则导致教育的彻底失败。

从教育的主体来看，也毫无疑义，儿童是教育的主体。哈贝马斯等学者的"主体间性"已阐明了师生之间的关系，凸显了儿童的主体地位。主体是人，但人不一定是主体，其关键是人要成为教育活动的发出者、参与者、创造者。遗憾的是，我们对儿童这一主体了解了多少，他们是怎么发出要求的，是怎么参与的，是怎么学习的，是怎么创造的，有时我们一知半解，甚至一无所知。这样的教育怎么可能有效，怎么可能走向成功？要了解、要确立儿童的主体地位，就必须研究儿童——教师首先是儿童研究者。

从教学发展的趋势来看，教学即儿童的研究已成为共同的认知和发展走向。以往我们也研究儿童，其目的是为了教学。但是，教学的过程其实是儿童研究的过程，儿童研究与教学研究不是两回事，而是统一在一起、融合在一起的一回事。因此，研究课程、教材、教法固然是重要的，但其中，不贯穿儿童研究则可能使这些成为技术化的过程，在这样的过程中，儿童也可能成为工具。我们不难形成这样的共识：教师既是教学的行家，也应是、更应是儿童研究的专家，是把教学研究与儿童研究融为一体的艺术家、教育家。

不再赘述教育家关于作为教师的儿童的论述。仅综上所述，我们就应当鲜明地提出教师发展的"第一专业"，而且应当坚定地把儿童研究当作教师发展的"第一专业"。要坚信儿童研究是教师专业发展的核心定位，以"第一专业"推动教师的专业发展是我们的智慧选择。

三、把握儿童研究的主题、关键与方式，促进"第一专业"水平的提升

"第一专业"的水平实质是儿童研究水平，提升"第一专业"水平，首先要提升儿童研究水平，而儿童研究水平的提升关涉到儿童研究的主题、关键与方式。

1. 儿童研究的主题

儿童研究内涵十分丰富和深刻，其中有许多基本问题需要搞清楚，因为儿童本身就是一个世界，儿童研究就是研究儿童世界，进而让儿童世界成为一个完整的图形。因此，在诸多问题的研究中，应当寻找并确定一个总的主题，研究才会有目的、有重点、有计划地推进。我认为，儿童研究的总主题应当是认识儿童、发现儿童、发展儿童。发展儿童是研究儿童的宗旨，认识与发展儿童既是儿童研究的前提，也是儿童研究的目的。认识、发现、发展，共同编织成儿童研究之网，而儿童是这张网的核心。编织这样的儿童研究之网，永远是一个过程。如此，儿童研究的主题当然也是教师"第一专业"发展、提升的主题。

我们要认识儿童。随着时代的进步、社会的发展，儿童正在悄悄地发生变化，他们不仅生活在现实世界中，还生活在理想世界和虚拟世界中。三个不同的世界有着不同的价值愿景，因而儿童世界里常常产生价值碰撞，让儿童处在价值迷惑之中。此时，认识儿童的什么，怎样认识儿童显得尤为重要。认识儿童，重要的在两点：一是回到儿童原初的意义上，回到传统的关

于儿童的经典意义上去；二是还要追寻当代儿童发展的新轨迹、新特点，关注儿童的现实表现。二者的结合，才能认识完整的儿童，才能认识真正的儿童，否则就会有失偏颇。因此，"第一专业"是建立在认识儿童基础之上的。

我们要发现儿童。认识儿童与发现儿童密不可分，不过二者又有区别。如果说，认识儿童是重在儿童是谁的话，那么，发现儿童则重在儿童内心秘密的发现，尤其是儿童的最伟大之处——可能性的发现。儿童是未被承认的天才，认定其为天才是因为他的可能性有待承认和开发。陶行知也说，孩子人小心不小，若把小孩看小了，自己就会比小孩还要小。加拿大教育现象学家马克斯·范梅南直截了当地说："看待儿童其实就是看待可能性。"可能性虽说是未来性、不确定性，但它一定是潜在的创造性，而且可能性往往"潜伏"在现实性中，发现可能性可从关注现实性开始。用可能性引导现实性，也许是教育最重要的发现。这样的发现才可能使教育站到一个更高的起点上，"第一专业"才会闪烁其特有的色彩。

我们要发展儿童。这似乎是无须追问的问题，但是仍需要追问的是：以什么方式发展儿童？因为不是所有的方式都能促进儿童的发展。比如，以爱的名义，也可以毁掉儿童；比如，以"动机是好的"的名义，也有可能给儿童留下"童年的伤口"。研究儿童，既要研究儿童发展的方向，也要研究儿童发展的方式，研究促进儿童发展的方式，这是"第一专业"中的题中应有之义。

2. 儿童研究的关键

儿童研究的关键是确立正确的、先进的儿童观。教师"第一专业"的所谓"第一"，在很大程度上来说是让正确的、先进的儿童观走在前面；"第一专业"的建设、提升过程，核心是确立正确的、先进的儿童观的过程；真正建筑在儿童观之上的专业，才有可能称其为"第一专业"。

确立正确的、先进的儿童观需要转变，也需要转化——理念转化为行为，才能算得上真正的转变，而转变、转化最终将内化为教师的素质，成为教师人格的重要组成部分，显现为教师的人格特征。用这样的理念或标准来衡量当下教师的儿童观，发现我们尚存在以下一些偏差：其一，对儿童的认识其实是肤浅的。不少教师对儿童的认识还停留在过去，对当今儿童的认识仍是陌生的，儿童的许多新需求、新方式、新特点，教师并不了解；对儿童的认识还停留在表象，对儿童内心世界及其秘密还很茫然，儿童内心与表现的不一致，让我们的教育有时"南辕北辙"；对儿童的认识还停留在现实性上，常让现实性遮蔽儿童的可能性，教育的目光短浅且功利。其二，对儿童的认识是抽象的。不少教师心目中只有儿童"类"的概念，而没有一个个具体的儿童；只有复数，而没有单数；只有"这一批"，而没有"这一个""那一个"。因此，教育中常常以"类"代替具体的儿童。抽象导致了儿童个性色彩的丧失，也必然导致差异性的丢弃，而掉落到统一化、标准化的教育泥潭。这样的教育，失败是必然的。其三，对儿童的认识是不完整的。儿童是一个完整的概念，儿童的可能性也有两种完全相反的方向——童年既可能是一颗甜美的糖果，也可能是一颗苦涩的药丸。假若把儿童看得十全十美，教育就失去了价值；假若把儿童看得一无是处，教育也会失掉信心。这两种倾向在教育中都存在，都应防止。当然，当前的主要倾向仍然是没有发现儿童的可贵之处。

针对以上问题，教师要总结自己的实践，反思自己的经验，调整儿童研究的思路和方式，抓住儿童观这一关键问题，锤炼、提升儿童研究这"第一专业"，让正确的、先进的儿童观根植于内心深处，走在教育教学的前头。

3. 儿童研究的方式

教师专业发展的水平往往通过能力状态表现出来，而能力又与研究方式相联。儿童研究不能忽略研究方式。

儿童研究已有了许多经验，教师们也积累了许多鲜活的案例。概括起来，大概有以下几种：最具现场性的研究方式是日复一日的观察，其关键在于研究的目的性、计划性，尤其是观察后的思考、分析。如果每学期教师能重点观察几个学生，持之以恒，定会走进儿童世界。最具深刻性的研究方式是个案研究，其关键不在于案例的数量，也不在于案例本身，而在于对案例的"研究"。如果每年有一定数量的案例研究，教师的儿童研究定会既走向生动，也走向深刻。最适合教师的研究方式是叙事研究。讲述故事，让研究存活于讲述中，让儿童发展存活于故事的演变中，亲密，温暖，有色彩，儿童研究者这一教师身份就在叙事研究中逐步建构起来。

认识与发现儿童：教师的大智慧

教师应是智者。

智慧有大、小之分。庄子在《齐物论》里说："大知闲闲，小知间间。大言炎炎，小言詹詹。"闲，空也，空，无限大也；间，隔也，隔，细小也。大智者，总是关注事物的根本，关注大局，有宏观的视野，有战略的思考，因而，他的言谈有气势、有穿透力、有鼓动性，而非琐碎、啰唆、重复。

教师应该是有大智慧的人。

教师的大智慧在于对儿童的研究，来自对儿童的认识和发现，因为儿童是教育的主语，儿童是教育的根据地。教师的智慧与使命，就是保护并建设这块神圣的根据地，让它安全、健康、丰富、充实，逐步强大起来；教师也在保护与建构这块根据地的同时建构起自己的精神高地，生长起自己的智慧。这样，教师才有可能成为大智者，成为智慧教师。

一、关于儿童的学问是最重要的却又是最不完备的，教师要把认识与发现儿童作为自己的第一必修功课

卢梭曾说过，世界上有门学问最重要却又最不完备，这就是关于人的学问。套用卢梭的观点与话语方式，我们可以作以下判断：教育中有门学问最重要却又最不完备，这就是关于儿童的学问。因为我们常常不能真正认识儿童和发现儿童，儿童对于教师来说，既熟悉，又很陌生，有时候，"熟悉"正是一种陌生。如果让"熟悉"蒙蔽了教育的眼睛，教师就会在陌生中迷失

以致迷乱。这样的"熟悉"说到底是蒙蔽了儿童。认识与发现儿童真是教师的第一必修功课，它超越了具体学科，超越了具体专业，是教师的第一专业。

作些概括的话，在认识与发现儿童方面，我们存在以下问题。

第一，对儿童的经典意义认识不深刻。关于儿童有不少经典的定义与解释，这些定义与解释直抵儿童的天性与本质，直白又深刻，简洁又丰富。在拉丁文中，儿童意味着自由。的确，自由是儿童的天性，儿童就应是自由者。而自由，是儿童存在的本质，否认或者剥夺儿童的自由，就是否认了儿童的存在，剥夺了儿童存在的价值。这样，儿童就不知不觉地又回到中世纪那个黑暗的年代，童年又被淹没在无边无际的成人的海洋里。同时，自由是创造的保姆，否认或者剥夺了儿童的自由，就意味着否认并剥夺了儿童创造的天性和权利，无形中儿童就处在平庸、只学知识而无创造的状态，创新当然也就会永远是句空话。事实正是如此，长期以来，我们过多地关注儿童的规范，而忽略解放与自由。我们不是排斥规范，而是要明晰规范之于自由的价值，即规范存在的最高价值在于解放儿童，让儿童自由，让儿童创造。此时，对规范的尊重，其实质是对人性的尊重。此外，儿童是探究者、游戏者，都是儿童的经典定义与解释，我们的认识都不太深刻。

第二，对当下的儿童生活认识不全面。当下儿童生活在三个世界中：生活在现实的世界中，在这一世界里，他们只有读书、背诵、记忆、考试、分数、升学，因而痛苦、无奈；生活在理想的世界里，在这一世界里，他们的理想被家长与学校绑架，没有自己真正的理想，甚至梦想都不允许存在，因而，他们同样痛苦，而且茫然；生活在虚拟化的世界里，唯有在这一世界里寻找到另一天地，获得了另一种方式，放松、快乐，但虚拟化的世界里有着陷阱与诱惑，危险也在等着他们。这三个世界的价值观是不一致的，现实生活世界以知识价值为主导，理想世界以精英和发现价值为主导，虚拟化世界以自由、娱乐价值为主导，必然产生价值碰撞和价值困惑。遗憾的是我们了解得不全面，只关注现实生活世界，亦即关注知识价值、分数价值，势必走不进学生的生活，走不进学生的心灵世界，从本质上说，儿童已被我们撕裂了、割裂了、单一化了，当然会产生问题，教育当然会"盲人摸象"，走进误区。

第三，对儿童整体性认识有偏颇。儿童是个完整的概念，童年当然也是一个完整的概念。童年犹如大森林，森林里有天使，也会有魔鬼；童年有时犹如甜美的糖果，有时又犹如苦涩的药丸儿。可能性是儿童的最伟大之处，但可能性有两种方向，有积极的、健康的、向上的一面，也有消极的、落后的、危险的一面。在实践中，我们的主要倾向是，过多地发现儿童的不足、缺陷、错误，儿童的顽劣，儿童的马虎，儿童的喧闹，儿童的"谎言"等等，于是儿童的伟大、天真、可爱的一面被遮蔽了，被夸大了，被否定了，于是，教育就失去了耐心和等待，急躁、功利、短视、责怪多于肯定，批评多于表扬，打击多于鼓励，伤害多于进步与成长，教育就会多么脆弱，多么无奈。当然，还有另一种倾向，那就是只看到儿童伟大的一面，可爱的天使，天真烂漫，聪明无比，不教就会……从根本上说，这些看法其实并不错，但是隐藏着的正是"儿童中心论"的被任意夸大，儿童被神秘化，童年被理想化，教育也就被虚无化了。这样的观点和理论，倒不在教师，而在一些理论工作者和研究人员为多。这同样是偏颇的，是错误的，无形中造成的误解就是儿童无需教育，这样就会伤害儿童的健康发展。其本质是"去教育"，而"去教育"让教育彻底丢弃了使命，丧失了价值，以上两种倾向都应克服。

第四，对儿童个体的认识不具体。儿童既是个复数，也是个单数，而且主要是单数，即儿童是"这一个""那一个"，他们具体，富有个性，呈现着儿童世界的丰富多彩。但事实上，我们只有复数的儿童，是"这一批""那一群"，因而抽象，对儿童的认识只有"大概"，只有共同性，而无差异性。基于对儿童抽象性的认识，教育也就是只剩下共同的要求，而无个别化的要求，因材施教只能是一句口号。忽略个性的教育，自然不能让每一个儿童都得到合适的教育，都得到最优化的发展，创新精神和实践能力培养也只能是纸上谈兵了。

由于对儿童的认识存在以上一些问题，我们还没有真正发现儿童，因而常常撞倒孩子。认识、发现儿童是一种智慧，是教育的大智慧。

二、智慧教师具有重要的人格特征，要在认识儿童、发现儿童、发展儿童的过程中完善自己的人格，成为儿童研究专家

智慧是一个很难定义的概念，我甚至认为，给智慧下定义是不智慧的。

不给智慧下定义，智慧的概念才会不断地在探究中更丰富，更深刻，更有魅力和活力。不过，智慧是可以阐释的，它有着一些基本的要义，其中最为重要的是，认识自己是最大的智慧。在教育领域，认识儿童、发现儿童是最大的智慧，甚或可以这么认为，儿童是智慧之源，儿童本身就是一种智慧。因此，教师的智慧来源于儿童，来源于对儿童的认识和发现。同时，知人者智，自知者明，教师以儿童来反观自己，进一步认识自己、发现自己，才有可能做一个智慧教师。

智慧有许多智慧的触角，它关涉道德，道德是智慧的核心；它关涉自由与快乐，自由、快乐是智慧的表情；它关涉能力，能力是智慧的载体；它关涉情境，情境是智慧萌发、生长的土壤；它关涉创造，创造是智慧的灵魂。这诸多智慧的要素，最终指向人格，也最终汇聚为人格。智慧教师具有鲜明的人格特征。

智慧教师具有爱心。孔子的"知者乐水，仁者乐山。知者动，仁者静。知者乐，仁者寿"，智者与仁者并举，其中有一深意：智者应当有仁爱之心。反之，无爱心，充其量是聪明人，是小聪明。古希腊关于雅典的传说，是一个生动的明证：雅典人接受智慧女神雅典娜的礼物——橄榄枝，用她的名字命名城市，而拒绝海神波塞冬的礼物——战马，拒绝的正是战争。原来，智慧女神首先是和平之神、道德之神——智者必定有爱心。甲骨文中有一字（字为上下结构，上身下心），经研究，这也是一个"仁"字。这一字形说明，爱具有主体性，爱发自内心，真诚，是心灵的自然外露。教师成长为智慧教师，首先培植自己的爱心，真心地爱儿童，爱所有的儿童。武汉的桂老师有关于"爱的提问"：今天我爱孩子了吗？今天我以什么方式爱孩子的？今天孩子们感受到我的爱了吗？爱心，就在新的提问中，爱心就在爱心提问中培植和发扬。这样，智慧才是真实的、自然的。

智慧教师具有童心。童心可以超越年龄。人总是要长大的，但是眼睛不能长大；人总是要变老，但是心不能变老。不长大的眼睛是儿童之眼，不变老的心是儿童之心，教师就是永远有儿童之眼和儿童之心的人。童心，真诚之心；童心，赤子之心；童心，创造之心。教师拥有童心，才会真正懂得儿童，也才会有创新精神，去创造教育的奇迹。这样，他也就拥有了智慧的灵魂。斯霞老师在批改三年级学生作文时，发现有这么一句话："今天，我们学校里来了法国客人，其中有一位女阿姨。"显然，这是病句——阿姨一定是女的。但是斯老师不愿意改动，她认为这正是儿童认识事物、表达事物的方式，尽管稚嫩，但天真、纯真，因而可爱，有着特殊的儿童味。斯老师还相信，孩子长大了，他会自觉改正的，为什么不让孩子葆有这么一份天真之心呢？教师有童心，才会有教育的纯真、高尚、伟大，才会发生真正的教育。智慧教师少不了宝贵的童心。

智慧教师具有平等心。无论是美国的"不让一个孩子掉队"，还是英国的"每一个孩子都重要"，还是中国的"有教无类"，说的都是要面向每一个孩子，这就是平等心。平等心才会带来教育的公平、公正，才会让每一个孩子有尊严、有幸福。偏见绝不是智慧，而是愚昧、愚蠢；偏见定会带来傲慢，在傲慢面前，一部分孩子定会胆怯、害怕，受到伤害，失去前行的信心。平等地对待每一个孩子，承认了差异，尊重了个性，追寻教育的规律，这当然是一种大智慧。

智慧教师具有平常心。平常心，拒绝功利之心，拒绝浮躁之心，是一种阳光的心态、宽阔的胸怀、开放的视角。平常心源于对儿童发展规律的认识与把握，源于对儿童差异性的尊重与接纳。韩国有位女医生写了一本《好妈妈，慢慢来》的书。好妈妈，慢慢来，好教师也要慢慢来。春秋时期的《管子·上篇·权修》里说："一年之计，莫如树谷；十年之计，莫如树木；终身之计，莫如树人。"教育树人就得慢慢来，就得有平常心。其实，这样的慢并非消极等待，而是积极地"慢养"，是按规律地创造，因而，这样的慢并非慢，而是真正的快。那种急功近利、急于求成的行为实在是一种愚蠢的行为，这样的人，当然成不了智慧教师。

伦敦残奥会开幕式上，英国著名科学家霍金出场，端坐在"月球"下，微斜着头，似在冥思，似在沉思，微翕的嘴里告诉大家："仰望星辰，不要只看脚下，尝试探究你所能看到的一切，带着好奇，探索宇宙存在的原因。"儿童，一个宇宙，一片星辰，我们带着好奇，望着他，探索着他。我们会真正发现他，因为我们是智慧教师。

核心素养召唤下的学校课程改革

一、立起身来：我们看到了核心素养的闪耀，听到了核心素养急切而又深情的召唤

哲学人类学告诉我们，人与空间的位置，既要保持水平方向——坐着，又要保持垂直方向——站起身来。这两种方向和方式都很重要，但更为重要的是立起身来。怀特海在《教育的目的》里说："他应该站起来，环顾四周……此时，综合运用的精神和理念占据了主导地位。"[①]精神占据主导地位，是因为立起身来培植并保持正直的品质和状态；理念占据主导地位，是因为立起身来让我们永远瞭望远方的地平线，让理念成为信念。的确，只有立起身来，才能环顾四周，才能有大视野，形成大格局，提升高格调，生长教育的大智慧。

如今，我们又一次立起身来了，在环顾四周的时候，看到了教育改革发展一道耀眼的亮光——学生发展核心素养；听到了一声声急切而又深情的呼唤——核心素养召唤我们进行教育改革。

学生发展核心素养是世界教育改革发展的共同主题，成为课程改革、教学改革的重要走向。世界上几乎所有的发达国家和重要的国际组织都不约而同地研究、制定学生发展核心素养，并指导、引领课程改革。我以为，核心素养的核心命义是以人为本，以育人为根本方向和任务。比如新加坡，它们

[①]［英］怀特海.教育的目的［M］.庄莲平，王立中，译.上海：文汇出版社，2012：35.

要求学生成为"自信的人、有学习能力的人、乐于奉献的人、心系祖国的公民"。其核心价值是培养和发展学生的创新精神实践能力，用创新精神和实践能力改变现在，创造未来。这一核心素养应植入学生的心灵，成为优秀的民族基因。其核心特征是综合性。核心素养是知识、能力与态度的综合体现，为此要拓展学生综合的视野，运用综合的方式，进行跨界学习。其关键是育德、立人，让道德成为学生终身发展的光源，让道德之光照耀在课程和课堂的上空，让必备品格对关键能力进行道德价值的评判与引领。只有立起身来，才能环顾世界教育改革发展的全景，进而把中国教育放在世界教育的格局里，明晰自己的坐标。

中国呼应了，而且发出了自己的声音，站在同一个平台上，与世界教育改革进行深度对话，彰显着中国品格和中国特色。这些都需要我们去关注、去思考、去探索。立起身来，正是要改变长期以来"坐"着的姿态和方式。以往我们沉潜在自己的教学中，这很重要。但长期如此，很可能只看见自己所教的学科，而看不到学科在课程世界中的地位和联系；很可能只看见手中的那本教科书，而看不到学习教科书的人；很可能只看见一些技术问题，而看不到在技术之上的"道"。以往我们的视野还不够宽，发展的格局还不够大，格调还不够高。正是学生发展核心素养反照着教师发展核心素养，反推教师核心素养的发展。立起身来，让我向上飞扬，多么重要。

不过，只是立起身来，而不能沉潜下去，也不行。"坐"，在宽处坐，意味着深深地潜入，实实地行动。沉潜是一种方向——向下是为了向上；沉潜是一种方式——在田野里耕耘，在教育现场中落实；沉潜是一种能力——深入下去，有新的开掘、新的创造；沉潜当然是一种可贵的品质——踏实、刻苦、勤奋、钻研。用工匠精神来概括"向下沉潜"还是恰当的。核心素养的培育、发展，没有这种向下沉潜的精神和品质怎么行？其实，向下沉潜正是核心素养所要求的，抑或说正是核心素养的内涵和具体体现。

立起身来，融合着向上飞扬和向下沉潜。我们应以这样的姿态、方式对核心素养作出积极的回应。立起身来，是中国教师改革和进步的姿态。

二、向上飞扬：核心素养召唤并引领我们永远追求最高价值，探索并建构育人模式

核心素养是一种价值召唤和价值引领。核心素养的落实，不只是方法论问题，首先是价值论问题。所谓价值，是理想中的事实。价值，就是在事实面前竖起理想的光幕，让理想照耀实践，让实践生成美好的理想。核心素养犹如理想的光幕，召唤我们去追求教育的理想和理想的教育。无论是教育的理想，还是理想的教育，核心是人的问题，是学生发展问题。不言而喻，核心素养是关于人的，是聚焦人的，是为了发展人的；离开人，核心素养就不是真正意义上的核心素养，就没有任何价值和意义。向上飞扬，就是引导教育要真正回归人。

何为人？康德的基本判断是，"人永远是目的"；马克思的重要判断是，"人是人的最高本质"；苏霍姆林斯基则认为，"人是最高价值"。如此，教育之道，实为人之道，人发展之道，人的最高价值实现之道。学生发展核心素养引导我们回到这一道上去，归根悟道，实践行道，让核心素养真正落实到学生发展中去，真正实现教育的育人之道。

值得注意的是，这一过程是极其艰难的，一定会有许多严重的遭遇，受到许多严峻的挑战。最严峻的挑战是应试教育。应试教育是以分数、升学率为根本追求的教育，只要分数，只要升学率，其他什么都可以抛却，而所谓教育的理想只是当作汇报、展演的道具和形式。"掉泪掉肉不掉分"是应试教育最"经典"、最残酷的"法则"，"只要学不死，就往死里学"是应试教育最"震撼人心"、最严酷的口号。应试教育是最不道德的教育，是无人性的教育，是扼杀人的教育。这些话是"老生常谈"了，可还得谈。之所以没有真正的变化，原因总是以"应试也是人必不可少的素养"来证明应试教育存在的合理性、合法性。把应试与应试教育混为一谈，显然是荒谬的。核心素养是对应试教育彻底的批判，是教育的重要转向。这是核心素养的最高价值，是核心命义。

如何对待知识也是一个困惑，这似乎是一个无解的难题，顽固地横亘在前行的路上。我们要跨越过去很难。我们不是反对知识，而是反对长期以

来那种产生知识的方式。知识的孤立存在绝不是核心素养，关键是如何让知识转化为能力。课改以来我们已予以回答了，那就是让知识活起来，让知识"活"在实践中，"活"在情境中，"活"在发现问题、研究问题、解决问题之中。"活"是知识到能力的转化剂、转化方式和转化关键。而当下教学中的知识常常是"死"的。中国学生发展核心素养非常重视文化学习，提倡丰厚的文化基础，以促进知识的活化至转化，这样，才会迈向能力，提升为观念，成为文化。

大环境不利于教育理想的实现也是一种严峻的挑战。这是事实。但是，另一个事实是，评价、考试、升学制度、方法也正在变革，大环境会变得越来越好，对此，我们应当坚信。人总是具有"明天性"的，这一"明天性"需要"今天"的努力来实现。罗曼·罗兰说得好："只有把抱怨环境的心情，化为上进的力量，才是成功的保证。"对于大环境，我们应当确立这样的信念：不能改变大环境，但只要下决心就一定会改变自己所处的小环境。从一所学校做起，从一个班级做起，从一个学科做起。大家都这么去做，大家都改变了，整个大环境也就改变了，就创设了新的大环境，理念渐渐成为信念。而理念、信念正是理想追求下，坚持改革、乐观前行的结果。

以上这一切可以归结为一个主题：以核心素养为引领，探索、建构新的育人模式。这一模式的实质就是立德树人。立德树人回答了四个问题。其一，树人是教育改革的根本目的和根本任务，而不是"育知识"，更不是"育分数"。其二，通过立德来树人。因为道德是"人类的最高目的，也是教育的最高目的"。"国无德不兴，人无德不立"。其三，立什么德，主要是培育、践行社会主义核心价值观，弘扬中华民族优秀传统文化，增强法治意识，立社会之公德，也立个人之私德等。其四，培育和发展学生核心素养，让学生具有必备品格和关键能力，成为社会主义事业的建设者和接班人。而这一总的育人模式，在不同学校，有不同的建构方式，形成和而不同的育人模式，显现不同的特色。核心素养引领下，绝不会造成学校的同质化。

我们应答着核心素养的召唤，此时，我们的思想在向上飞扬，我们的精神在向上，我们的视野在向前。核心素养以人的最高价值唤醒我们，以教育的理想鼓舞我们，以民族振兴的未来激励我们，我们应当有责任感、使命感。当我们面对核心素养，并认同它、接受它、认真践行它的时候，已将中华民族的未来扛在自己的肩上了。就在其间，我们自己作为人的最高价值已得以实现并继续提升，于是，我们会再一次向上飞扬。

三、向下沉潜：在实践中探索，在变革中进步，让核心素养找到落脚的地方

任何理想总得有自己落脚的地方。核心素养同样要落地。大家已达成共识了，思路其实是清晰的：落实在课程中，落实在教学中，落实在评价中，落实在学校的管理中……总之要落实在行动中，真正成为学生发展核心素养。

落地，落实，就需要向下沉潜，把核心素养落脚的地方夯实好。向下沉潜不仅需要实，还需要深，即在实中求深，以深促实。无论是实还是深，首先是个"变"，即改变自己。联合国教科文组织在《教育——财富蕴藏其中》报告中提出四个学会以后，2003 年又提出第五个学会：学会改变。这并不难理解：社会在改变，中国在改变，世界在改变，我们不改变，就会落伍。学会改变就是主动适应社会，学会改变说到底，就是改变自己。课改的历程和经验一次又一次地证明，不改变教师，就不能改变课程和教学，课程教学不改变，学生就不能改变，核心素养就会成为一句空洞的口号，甚至有可能被搁置一边，这样，核心素养的落实肯定是一句空话。我们应当以自己的改变带动以下的改变。

关于学校课程的进一步完善——理清关系，走向综合，并防止与克服一些不良倾向。

所有课程在学校汇集，拥有一个新概念：学校课程。校本课程只是学校课程的一种形态，是学校课程的一个有机组成部分，学校课程不等同于校本课程。概念使用中的混乱是需要匡正的。

学校课程这一概念本身意味着，课程是可以在学校里进行统整的，各自打开边界，加强相互间的联系。课程的综合化，综合课程是课程改革的趋势。这是因为综合性是核心素养的核心特征，需要综合培养。同时，学生的创新精神常常在课程的交叉地带得到培育和激发，学生的创新行为也常常发生在课程的边缘地带。当下，课程的综合我们还做得很不够，综合之路还很

长。不过，我们对课程综合的理解有失偏颇。我以为，综合一是理念，二是方式，三是过程，四是课程形态。当下，我们把重点只放在课程形态上，而忽略了理念、方式和过程，显然是不全面的。当教师具有综合理念和方式时，就会自觉经历这一过程，即使是立足于一个学科也可以实行综合。这样，综合就成为大家自觉的行为，形成一种创造的气象。

加强学校课程建设要防止和克服以下一些不良的现象和倾向。其一，注重课程的综合和校本课程开发，不能忽略国家课程的实施。众所周知，国家课程是国家规定和开发的，是国家意志的体现；是专家学者和优秀教师深入研究反复论证后形成的，是高标准、高品质的，它是学生发展核心素养培育和发展的最为基本又最为重要的保证。因此，实施国家课程，能有效地实现教学目标和育人目标，必须十分认真地对待。国家课程有着独特的存在价值，它需要加强综合，但不能将其"综合"掉，也不能弱化它，而当前这样的现象是存在的，这样的现象如不改进、调整，会成为一种倾向，是十分危险的。其二，校本课程也有独特的价值，不仅是对国家课程的补充和拓展，而且在培育学生个性方面有着不可替代的地位和作用。但这绝不意味着校本课程越多越好，绝不能在数量上比高下，而应在内涵品质上下更大功夫。此外，校本课程的目的也不能定位于发展学校特色上，其宗旨仍是从另一个角度，与国家课程形成育人的合力，育人才是其根本宗旨。其三，学校课程开发要注重规范化建设。一是没有必要也没有可能将学校所有活动都开发成课程，给学生留下一点自主发展的空间，也许比填满学生生活空间的课程更有价值。二是课程有其规定性，尤其是它应当满足作为课程的元素要求，这样它才具备课程意义，才真正成为课程。而当下，开发的随意性、盲目性是比较普遍存在的。对此也应当改进和调整。

关于课堂教学改革——坚持以学为核心的教学法则，在促进学生自主学习和跨界学习中，核心素养得到培育、得以发展。

教学与课程有大小之分，却没有主次轻重之别，要将教学改革作为课改深化的重点，用真正的教学、优秀的教学来支撑核心素养的培育和发展，为学生核心素养的培育、发展提供良好的丰厚的土壤。

核心素养导向下的教学改革，我以为总的思路应当是：真正确立教学育人的核心理念，以课程整合为背景，以学会学习为中心，以学习活动设计为基本策略，以现代技术为支撑，引导学生在真实、丰富、优化的情境中探究体验。

真正确立教学育人的核心理念。苏霍姆林斯基曾经对一位物理教师这么说："你不是教物理的，你是教人学物理的。"美国模范教师雷夫也有同样的观点："我不是教课的，我是教人的。"它们不是对学科、对课的否定，而是说，如果教学只止于学科，止于教科书，止于课程，那是远远不够的，还没触及教学的本质——教学生学习，让学生在教学中成长起来。的确，人是最高目的。清华附小窦桂梅校长提出的"让学生站立在教学的正中央"正是这一核心理念的生动表达。这样的核心理念，要求教师研究学生，研究学生是怎么学习的，研究学生是怎么在学习中发展起来的。这样的教学才是超越知识的教学，才是真正的道德课堂，是以学生发展为本的教育。

以课程整合为背景。课程与教学没有主次轻重之分，它们是紧密相连的。课堂教学应当在课程的语境和框架下展开，这样的教学才会有大视野、大格局。而课程应当走向综合。课程综合为学生搭建更宽阔的学习平台，与其他学科、与生活、与世界发生多种联系，产生丰富的意义。课程背景下的学习，其实质是跨界学习，跨界学习引导学生思维更活跃，学习方式更多样，心智更丰富。

以学会学习为中心。教学，不是教和学，而是学生学会学，这是教学的一条法则，是教学的根本任务；学生创造性学习，是教学的最高境界。学习、学会学习、创造性学习是学生发展核心素养的内在要求，是学生发展核心素养的具体体现。遗憾的是，当下的课堂这一教学的法则还没有真正实现，学习还没真正发生。究其原因，教学结构没有发生真正变化是其中一个重要原因。而教学结构改变的原则应当以学定教，即一切从学生的学习出发。由于学习的发端是多样的，因此教学结构也应是多样的、灵活的，以学为中心，绝不能忽略教师的教，只是教师的教是"不教之教"。我们应谨记：核心素养蕴藏在自主学习之中。

以学习活动设计为基本策略。学习是一种活动，真正的学习发生在学习活动中；教学活动的实质是学习活动，没有学习活动不可能有真正的学习。不言而喻，教学应当由一系列相互联系、相互递进的学习活动组成。因此教学设计时，在明确学习目标以后，应当紧紧围绕学习内容，精心设计学习活动，引导学生参与活动，而且要成为活动的发出者、创造者。值得注意的是，这样的学习活动充满思维的含量，充满思维的挑战性。让学习真正发生，是让学习活动真正发生，是让学生的思维真正发生、真正活跃起来。

以现代技术为支撑。现代技术的运用能力是学生发展核心素养的基本内涵和要求，用现代技术支撑教学、改革教学也是必然趋势。我们应当更加关注，更加重视，更深入研究，更切实运用。现代技术只是工具，不是目的。但是工具可以撬动教学改革。要特别研究工具与教学的关系，让工具退到后面去，让学生站到前面去，绝不能让工具与学生抢"地盘"，抢"风头"，而是让学生成为工具的主人，使用工具，甚至可以创造工具，在这过程中培养工具素养，生长起核心素养。

以上这一切，都是一种学习情境。教学就是让学生在这样的情境中探究、体验、发展。教学改革落地了，学生发展核心素养也有落脚点了。

语文教学中传统文化的创造性转化

2017 年，陪伴我们度过春节的，不仅仅是春晚，还有《中国诗词大会》。过去好几个月了，"飞花令"仍在我们心中飞扬。自然想起几年前的《中国汉字听写大会》，一个汉字，一个中华文化基因，一个中国故事，至今仍在心里激荡。从汉字听写到诗词吟咏，我以为是当代中国人的一次文化之旅。这一文化之旅既让我们在重温中回归，又在回归中前瞻，因为回归中有新的想象和新的发现。无论是新的想象还是新的发现，都是一种创造性转化和创新性发展。中国需要这样的文化之旅。这样，才会再一次搭建起中国人的文化心理结构，每一次听写，每一次吟诵，都会激荡起我们的文化记忆与文化共鸣。

一、创造性转化是对中华文化具有实质意义的弘扬，是语文教学的一个重大命题

先从两个关于文化的比喻说起。一个比喻：文化是一条河。中华文化，一条古老的河，从古流到当今，还要流向未来，源远流长，永不枯竭，永不停息，永远流在中华大地上，流在中华民族的脉管里。这一比喻生动而深刻地厘清了两个问题。第一个问题是，中华文化发展中的本来、外来与未来。文化建设一定要不忘本来。不忘本来就是不忘初心，不忘文化是从哪里出发的，中华民族的文化之根与精神之魂就在中华优秀的传统文化中。文化建设还需要吸收外来。吸收外来，是说中华文化是一个开放的系统，要尊重并吸

纳人类先进文化成果，丰富自己，完善自己。文化建设还要走向未来。用文化的情怀、力量和方式，改变我们的生活，塑造中华民族的精神品格，走向未来，走向世界。本来—外来—未来，串起了文化的走向，走向中的每个阶段、每个环节、每个步骤，中华文化都在随着时代在转化，每一次转化都是一次发展。创造性转化让中华文化之河永远奔腾，永远年轻。第二个问题是，中华文化建设中的"流"与"主流"。中华传统文化具有重要的当代价值，这是毋庸置疑的，但是与马克思主义在中国现代化建设中的主导地位相比，"中华传统文化在现实文化中呈现为'源'与'脉'，却并非'主导'或'主流'"。因此，"不能将其奉为圭臬，更不能唯此至大至上至尊"。①毫无疑问，我们不能离源远脉，但要让源、脉与主流相契合、相融合，而契合、融合要经历创造性转化的过程。这样的转化，中国的现实文化建设才会既保留鲜明的文化底色和本色，又闪耀现实的关照和时代光彩，文化之河才会载着中华民族抵达现代化的彼岸。

另一个比喻：两个轮子——传承与创新是文化前行的两个轮子。无需多作论述，文化前行需要传承的轮子，缺失这一轮子，文化之车失去重心，会倾倒，无法挪步；同样，文化前行还需要创新的轮子，缺失这一轮子，文化之车会失去前行的方向，也会倾倒，即使能前行，也很可能走到另一条路上去。这一比喻也帮助我们厘清了两个问题。一是文化建设需要"瞻前顾后"。要"瞻前"，首先要"顾后"，"顾后"即守住初心，心系我们的精神家园，立足于文化根基，我们才能从这儿开始新的出发；"顾后"是为了"瞻前"，"瞻前"为的是拓展我们的文化家园，增长文化新力量，生长文化新意义，走向时代的文化新世界。二是两个轮子的相互融合，赋予传统新理解，丰富传统的新内涵。任何传统都需要进行时代的解释，这样，传统不仅是"过去时"的，也是"现在时"的，还一定会是"未来时"的。两个轮子同时转动，传统会"活"起来，活在当代人的观念中，活在当代人的生活实践中，而不是仅仅存在于典籍中和博物馆中。"活"的文化传统，才会推动中国梦的实现。

由以上两个比喻及其阐释，我们不难形成关于传统文化需要创造性转化

---

① 商志晓.中华传统文化创造性转化创新性发展的哲学审思［N］.光明日报，2017-01-09（15）.

的主要原因：既是传统文化发展本身的需要，又是文化建设的现实需求，还是时代的召唤和期盼，也是我们的文化责任与使命。

有了以上的讨论基础，自然有了关于语文教学中中华传统文化进行创造性转化必然性、必要性和迫切性的认识。中国语文教学与中华传统文化有着血脉的联系。从根源上来看，中国语文就是在中华传统文化土壤里生长起来的，是中华传统文化的载体与生动体现。从本质上看，语文教学就是中华文化之旅；从责任来看，引导学生在文化之旅中经历、探究、感悟，是语文教学的使命；从方式来看，语文教学的方式应是文化的方式，是渗透着中华文化理念与魅力的方式；从境界来看，中华文化之旅，通过语文教学走向未来，彰显中国母语教学的品格、气派，是永远的崇高追求。这一切，当前又遇到了经济全球化、信息化的挑战，语文教学加强传统文化教育，显得尤为重要和紧迫。而文化之旅中的这一切，又都需要创造、创新，文化之旅应是创造之旅、发展之旅，中华传统文化的创造性转化、创新性发展当是语文教学的重大命题。

二、语文教学中中华传统文化创造性转化的基本要义

陈望道先生曾经用形象化的语言，道明了语文教学需要将中华传统文化进行转化的道理："我们语文的研究，应该屁股坐在中国的今天，伸出一只手向古代要东西，伸出另一只手向外国要东西。""屁股坐在中国的今天"，是转化的根本立场，伸出两只手是转化的来龙去脉。问题是究竟要什么以及究竟以什么方式要。这就涉及转化的内涵与要义。我以为其基本要义在四大转化。

其一，时代转化。如上文所述，任何传统文化都需要作出时代的转化。王蒙这么认为："如果您到现在还认为半部《论语》能治天下，还以为靠《三字经》和《弟子规》就能扭转全中国人民的精神面貌，就能使这个社会又和谐又前进，你就是自绝于现代化。"① 观点很尖锐，我并不完全赞同，但从中可以让我们领悟到一个问题，即照搬照用是不行的，照搬照用只是冯友兰指出的"照着讲"，还没有达到冯友兰所说的"接着讲"的要求。"接

---

① 王蒙．说说我们的精神资源［N］．光明日报，2014-07-11（11）．

着讲"是"照着讲"基础上的时代转化，如果不"接着讲"就会远离时代，远离现代化。比如，中国文化传统中就有道德与法治关系的论述："德主刑辅"。当下，我们对德主刑辅的解释是：法律是最基本的道德，而道德则是最高法律；要用法律支撑道德，用道德滋养法律；道德滋养的法律，法治才有境界，有了法律的支撑，道德才更有力度，才有可能真正成为人们的自觉行为。总之，这样的道德与法治，会让社会有良序，人们生活才会更美好。这是时代的阐释，是时代的转化，"德主刑辅"拥有了新的更深的含义，因而会进一步弘扬起来。

其二，儿童转化。传统文化只有为学生所认知、所认同，并被认真践行，才能真正弘扬起来。值得注意的是，当今的学生已发生了很大的变化，无论是价值观，还是方式，他们与传统文化已有了一些距离，这一变化主要是因为时代在进步。如何让今天的学生对传统文化产生亲近感、认同感，进而去行动，是一个亟待研究、解决的问题，其中继承的方式显得尤为重要。方式是一把钥匙。当今学生喜欢的方式是文化软实力的方式：吸引人的、非强制的；是浸润式的、体验式的、陶冶式的。我曾看到这么一条思考练习题："善待自己的父母，并不是对他们的一切所作所为和喜好都去支持、顺从。如果你认为父母的言行不恰当，你会如何去做？把你对亲人的故事写下来，和同学分享。"讲述故事是当今学生喜欢的方式，正是这种学生喜欢的方式，让"孝道"文化弘扬起来。又如："我们常说中国是'礼仪之邦'，华夏之称也与礼仪有关。唐代学者孔颖达就说'中国有礼仪之大，故称夏；有服章之美，谓之华'。现实生活中有些人的行为有损这个称号，你知道吗？列举一些，并说说日常生活中应如何重礼。"题目中的文化含量、历史的延续感以及语言之亲切，学生在读题中就感受到了；"你知道吗？"简单的一句让学生走进了思考，勾连起学生的生活经验。显然，这样的转化方式学生是喜欢的，效果肯定是好的。

其三，现实转化。传统文化要为现实的文化建设服务，这就要求与现实生活相联系、相结合，因此必然要进行现实转化。从文化的特性来说，文化几乎覆盖了生活的方方面面，文化就是过好日子。传统文化假若不与生活相连接，对当下的生活，尤其是对当下的时尚一味地回避、批评、拒绝，必然让传统文化失去现代生活的味道，也必然让学生与生活相疏离以至疏远，最终产生隔膜。其结果是，中华传统文化只存在于典籍中，而不会存活于学生的生活中，传统只能是传统而已，便会慢慢地"老去"，久而久之会"死去"。有这么一个练习题启发我们去思考传统文化的现实转化："悌，应该从血缘亲情不断向外扩展，从家族、邻里、乡党到同学、同事，乃至不同民族、不同国家之间，衍生为一种博大的胸怀与互敬的态度，正所谓'四海之内皆兄弟'。"这一问题设计本身就是一种"衍生"，是一种创造性转化。学生读了会明白，平日用惯了的"四海之内皆兄弟"原来是与"悌"的文化思想和传统联系在一起的，又将原本意义上的"兄弟之爱"自然扩展到同学、同事，不同民族、不同国家之间，产生宛如"兄弟"般的博大情感与胸怀，传统一下子从历史的深处走了出来，走到现实生活中，走向世界。显而易见，中华传统文化的现实转化，会引领学生对生活的理解，用现实经验打开现实的生活。

其四，方式的转化。中华传统文化是在特定的历史背景下形成和发展起来的，有其独特的呈现方式和展开方式，与当时人们的生活方式、学习方式、思维方式、表达方式是相适应的。当今时代，这些方式也都发生了很大变化，尤其是信息技术高度发达让"地球平了"，"互联网＋"时代让人们在虚拟世界里更加自由地游逛，获取了更丰富的知识。《中国诗词大会》之所以如此受欢迎，和它方式的转化很有关系，选题、答题方式的多样化，百人团的设置，飞花令的生动展现，都让观众耳目一新。因此，也许传统文化的内容没有多大变化，而呈现和展开方式的变化，会让中华传统文化更贴近学生，传统文化凭依现代技术又一次活泼起来。甚至可以这么去理解：呈现、展开方式的转化，使人们对传统文化内涵的理解也随之悄悄变化。

创造性转化与创新性发展是一个整体，两者是相互渗透、相互支撑的，也是由此及彼、相互衔接的。以上无论哪种转化都会促进中华文化的创新性发展。

三、语文教学中中华传统文化创造性转化策略、方式的实践探索

中华传统文化在语文教学中的创造性转化，不只是理念和原则，还应有实现转化的策略方式，否则，转化就会落空。从实践操作来看，可以有以下

一些策略和方式。

选择与扬弃。传统文化中有丰富的先进的理念、观点和经验，还有一些糟粕，这些基本判断已是大家的共识。比如《弟子规》中，有不少规定与儿童的天性相悖，硬性规定多，制约限制多，与现代教育思想、理念是不一致的，对儿童发展是有害的。这些内容不应不加选择地让学生学习。比如，传统文化中关于君君臣臣父父子子的"忠""孝"的思想观念与规定。古代的礼多建立在上下尊卑长幼的等级关系之上，随着封建专制的加强，礼逐渐演变为对权威的绝对服从，甚至是屈从，有时还扭曲为虚伪、献媚。陷入"愚忠愚孝"之类的愚昧的泥淖。显然这些内容应当排除在课程内容之外，在合适的时机还应引导学生思考，进行质疑和批判。

审视与批判。有人将《三字经》中的有关内容编为一篇语文课文《犬守夜》。其中有"犬守夜，鸡司晨。苟不学，曷为人。蚕吐丝，蜂酿蜜。人不学，不如物"。这些内容赞美、倡导了勤奋、刻苦学习的精神和品格，道出了学习之于人发展的深刻意义和价值，应当让学生熟读、背诵。而其中还有"勤有功，戏无益"的内容就应当审思了。"勤有功"与上面倡导的精神一致，"戏无益"，则可能导致对游戏的误读、误解，对儿童好玩天性的忽略、压抑，对自由、创造精神的伤害和误导。这就应当引导学生认真审视、思辨、质疑和批判。值得注意的是，中国学生的创新精神、实践能力薄弱及个性发展得不到重视与传统文化中落后的思想、理念有很大关系。对传统文化的先进部分应当坚守、发扬，对落后的部分应当让学生通过审视、质疑来批判，明晰正确的价值方向和理念，而不是穿着古代的服装，像古人那样摇头晃脑地照本背诵起来，作秀起来。

开发与利用。一些语文教师努力开发民间和民俗文化，让儿童在语文学习中回到话语的家乡，回到中华民族文化的源头去，探索了中华文化弘扬的有效策略和方法。比如，《扇子歌》这首江南童谣被编成故事，作为语文补充材料："扇子扇凉风，扇夏不扇冬。有人问我借，要过八月中……"外婆说，一共有十二把扇子，可惜每唱到第三把，囡囡就睡着了。故事中这么写："外婆你看见了吗？囡囡很乖……囡囡好好吃饭，好好睡觉……囡囡好想你。囡囡有了新发现，原来侧卧的时候，左眼流出的泪，会流到右眼里的。"这童谣，这故事，有着最质朴最真诚的亲情，又有无比可爱的童心，有无限的想象，又有无极的美感，传统文化中的"孝道""仁爱"，还有关于对自然现象的关注、认知都在里面了。对优秀的民间民俗文化的开发、利用，当是中华传统文化的创造性转化。

现代技术的运用与演绎。现代技术进入课程、课堂是必然的趋势。现代技术与传统文化的对接，让传统文化以新的面貌呈现在大家面前，更鲜活、更鲜亮。技术的运用促使传统文化的创造性转化，已普遍被重视，其前景是广阔的。

中华传统文化在语文教学中的创造性转化，是一个永恒的课题，还有不少的问题摆在我们面前。只要坚持研究，进行探索，这些问题就会逐渐得到解决——我们乐观地期待着。

核心素养引导校本课程建设进入新阶段

  "核心素养与校本课程建设"是课程改革深化中的一个重要命题。其题旨是：要坚持以核心素养为导向，引领校本课程建设；校本课程要真正成为培育、发展学生核心素养的重要载体和有效途径；要将学生发展核心素养落实在校本课程的建设过程中。显然，这一命题，不仅具有校本意义，而且具有重要的普遍意义，在核心素养的引领下，校本课程建设必将进入一个新阶段。

一、校本课程建设应当有高立意：以育人为总目标，探索并建构育人模式

  首先要厘清两个概念：学校课程与校本课程。所有课程在学校汇集后就拥有了一个新概念：学校课程。不言而喻，学校课程既包括国家课程，也包括地方课程，当然也包括校本课程。校本课程是学校课程的有机组成部分，是学校课程的一种形态。因此，不能将校本课程与学校课程等同起来。所有学校课程都是以学生发展核心素养为目标的，校本课程也必然要从自身的性质、任务、特点出发，为促进学生核心素养的发展发挥应有的功能和作用。
  校本课程开发与实施应当有高立意。立意，是一种价值追求与价值定位，是一种愿景的召唤与境界的追求。有什么样的立意，就会有什么样的品质和品位，就会有什么样的视野和格局。课改以来，校本课程开发取得了十分可喜的进展，可以说是取得了了不起的进步。它改变了基础教育的课程结

构，拓宽了课程内容，丰富了课程资源，变革了学生学习方式，丰富多彩、生动活泼的局面正在形成。但是，在立意上还有一些问题。

一是在校本课程与国家课程的关系上，总认为校本课程是对国家课程的补充与拓展。这样的认识与定位不能说错，但是不准确。课程之所以划分为国家课程、地方课程与校本课程，是因为它们有各自存在的价值和地位，具有各自的功能与作用，严格说来，它们之间并不存在谁服从谁、谁为谁服务的问题，而是都要为学生的发展服务，都以育人为根本任务，它们相互支撑、相辅相成，共同促进学生核心素养的发展。这样的表述绝不是降低国家课程的地位，而抬高校本课程的地位，只是强调各自把握好自己的任务，在育人总目标引领下形成教育的合力。核心素养正是引领校本课程要充分发挥自己独特的功能，超越校本课程本身。

二是在校本课程与学校特色建设的关系上，总认为校本课程是为了形成和彰显学校特色。同样，这样的认识不能说错，但立意是不高的。校本课程具有鲜明的校本性，即独特性，为形成与发展学校特色确实能起很大的作用，也确实为学校特色建设作出了贡献。但是，必须追问的是，特色是为了谁的？如果在特色的背后或深处，不能发现学生，也就是学生在校本课程中缺席了，这样的特色有什么价值与意义呢？能称之为真正的特色吗？答案当然是否定的。不能为特色而特色，特色建设说到底是为了学生的发展，止于特色建设本身是很不够的。核心素养正是引领校本课程超越特色。

三是在校本课程与学生兴趣、爱好发展关系上，总认为这样的定位是无可非议的。当然，校本课程必须激发学生的学习兴趣，培养学生的爱好，形成学生的特长，但这样的立意是不深的。兴趣、爱好、特长有个方向的问题，有个道德价值判断问题；同时，孤立的兴趣、单纯的爱好等必须经过整合走向素养。核心素养包括关键能力，但还包括必备品格。如何将培养学生兴趣、爱好、特长的立意提升到核心素养的高度，也是需要我们进一步探究和解决的。核心素养也正是引领校本课程建设要提升兴趣、爱好和特长，这是一种超越。

总之，校本课程的立意应当是立德树人，是从校本课程的角度去探索育人模式，培育具有核心素养的学生。这才是高立意。

二、校本课程建设应当体现"高特征"：体现课程的综合性，引导学生开展跨界学习

我们的共识是课程的整合，综合化的课程有利于课程打开自己的边界，向其他学科开放，向生活开放，向世界开放，在开放的过程中，与其他学科、与生活、与世界发生联系，产生更为丰富的意义。校本课程的综合性，其实质是跨界学习，在跨界学习中培养学生的创新精神和实践能力。因此，从某一个角度看，在某种意义上，我们可以这么判断：校本课程在发展学生个性，培植学生创新精神和实践能力方面具有独特的优势，可以发挥更大的作用。这是校本课程建设的初心。我们应不忘初心。

值得注意的是，综合性这一特征正在逐步被淡化，有的学校甚至使之开始异化。主要表现是，有的学校的校本课程重分科，而不重综合。假若校本课程建设仍然围绕学科课程转，形成所谓的语文校本课程、数学校本课程……那么，校本课程就成了变相的学科课程，选择性特点消逝了。这样，很有可能沦为为学科课程服务的地步，也极有可能沦为为应试服务的地步。校本课程不是不可以开发学科性的校本课程，但这绝不是校本课程开发的重点。这是一。有的学校校本课程实施重上课，而轻实践、轻活动。造成这一现象的原因，除与第一种情况相关，还与对校本课程的实施形态没有准确地把握很有关系。综合的特点牵引着实践性、活动性的特点。假如仍以上课为主要实施形式，就破坏了校本课程的本意和初心。这是二。有的学校校本课程虽然重视了实践活动，但实际活动中的思维含量不够，尤其缺失思维的挑战性，学生的思维品质和水平没有得到提升，学生的可能性被抑制，得不到充分的开发。这样的校本课程是平庸的。这是三。这些情况或多或少地存在着，我们不可小视。

三、校本课程建设应当积极参与：引导学生广泛参与、深入参与，学生成为校本课程的开发者、创造者

自主性、参与性，也是核心素养的重要特征，是培育、发展学生核心素养的必备条件。学生不仅要参与学习活动、评价活动，还应参与课程的开发活动。课程开发不只是校长、教师的专利，学生和家长也是课程开发的主体。从儿童的发展需求看，他们不仅有学习的需求，还有成为教学活动的发出者、参与者的需求，在真正的参与中，学生才能更自主更积极地发展。从儿童的潜能看，学生不仅有参与开发的需求，而且有参与开发的能力。基于儿童参与，才会一切皆有可能。这种可能当然包括课程开发，尤其是校本课程的开发与实施。尊重学生的需求和能力，为他们提供平台和机会，学生核心素养才可能得到更好的培养和发展。校本课程就是这样的平台和机会，我们应关注，更应珍惜。

学生参与校本课程建设的方式是多种多样的。参与的方式固然重要，参与的程度更重要。校本课程鼓励学生广泛参与。广泛参与的要求是鼓励所有学生参与，不能因年级不同、原来的基础不同、成绩不同而把一部分学生排斥在外。当然，不同的情况应当有不同的参与要求，只有全体学生参与，才能让所有学生的核心素养都得到培育和发展。校本课程鼓励学生深度参与，深度参与的要求不是形式上的，而是要具有实质性的，课程的设置、内容的选择、形态的设计、途径的开辟、考核评价的改进，都应让学生参与其中。广泛参与、深度参与，学生才有可能成为校本课程的创造者。

儿童参与，绝不意味着校本课程开发得越多越好，不是比数量，而应求品质求品位。求数量多的校本课程开发时代应当结束，以核心素养为导向的校本课程才能再上一个新台阶。我们，共同努力吧！

素养之光·跨界之美·主题之智

——清华附小基于核心素养的"1+X课程"深度建构透视

课程是一个世界。课程世界应当是平的。所谓"平"，是指各种学科课程应当打开自己的边界，牵起手来，互相对话——同整个人类社会发展的走向一样：合作高于竞争，合作力其实是最大的竞争力。这样的课程世界才是美好的。问题是，我们为什么要打开？以怎样的方式去打开？在这背后还有更深层次的问题：我们应该培养什么样的人？这是对校长和教师良知、勇气、智慧的考验。

清华大学附属小学（以下简称"清华附小"）在窦桂梅校长的带领和组织下，坚持做了这件事——"1+X课程"体系的建构，而且从宏观的把握到微观的具体实施，不断完善，不断深入，不断进步。可以说，清华附小在课程世界里进行了一次重要变革，深刻而生动，其目的直指学生核心素养。今天我们关注"1+X课程"，旨在关注其发展新视域，由此把握小学课程改革未来的走向。

视域之一：以核心素养为统领，竖起课程综合的"标的"

课程改革——迈向学生发展核心素养，用核心素养来统领课程改革，让课程闪耀素养之光

课程整合，包括综合课程开发，是课程改革的趋势，人们对此已基本达

成共识。第一，课程的综合，顺应着知识发展的规律：知识总是从综合走向分科，又从分科走向综合，每一次综合，总有新知识诞生，知识总是在向前向上发展。第二，课程的综合，有利于培养学生的探究能力和创新精神：探究能力、创新精神总是发生在知识的交叉地带，亦即课程的综合地带抑或边缘地带，课程的综合打开了学生的视野，为学生发展提供了新的平台。第三，课程的综合有利于学生过完整的生活：生活原本就是一个整体，过度的分科打破了生活的整体性，以致使生活碎片化。生活的割裂当然不利于学生的全面发展，如此等等。

无疑，这些理由都是正确的，也是深刻的。但这些总是就课程本身讨论，而没有真正走向学习者——儿童，没有深度地触及儿童发展的一些核心问题。比如：课程综合的最高立意究竟在哪里，课程综合的评判标尺究竟是什么。对这些根本性问题，其实我们的认识和理解并不是非常准确和明晰的。于是，在实践和研究中，难免存在以下一些问题：课程综合的指向目标、综合的程度、课程综合中是否要坚守学科的独特价值等。正因为此，课程综合总是迈不开、迈不准、迈不了大步子。我们应当寻找、明晰课程综合的评判标尺，竖起课程综合的"标的"。

正如《人民教育》杂志刊发的《走向核心素养》一文中指出的："以个人发展和终身学习为主体的核心素养模型逐渐代替传统的课程标准体系，改革的视点也从单一重视学科教学规律走向人的成长规律与教学规律的叠加和融合。"毋庸置疑，课程综合应当毫不犹豫地走向核心素养，唯此，课程综合才会有"魂"，才不会漂移，以致迷乱了方向。

清华附小在已往研究的基础上，形成了一个新的命题："基于核心素养的'1+X课程'深度建构。"他们通过反思，对原有的课程目标进行调整，初步拟定了"清华附小学生发展五大核心素养"。这"五大核心素养"是校本化表达，具有以下显著特点。一是直接指向学生的学习和发展，体现了"以儿童发展为本"的核心理念。核心素养是关乎人、为了人的，人永远是目的。在每条核心素养的后面都站着一个儿童，站着一个大写的人。它超越了知识，超越了学科，更超越了分数，让儿童真正站到了课程的中央。二是形成了儿童整体发展的主要框架，以此可逐步构建一个体系。特别值得关注的是，将"身心健康"作为第一条，既符合小学生发展的特点，也符合人发展的规律。三是继承并弘扬了清华附小的办学传统，彰显了清华大学的文化印记。"五大素养"的每一条都与清华大学及其附小的历史相联系。"成志于学"，源于清华附小的老校名，取义自校训"立人为本，成志于学"；"审美情趣"，源于清华大学四大国学大师"至真、至美、至情"的美学境界。四是回应了世界教育改革和发展对人才的要求。"学会改变"既源于清华大学"人文日新""独立之精神、自由之思想"的理念，又与改革潮流相吻合，即主动适应，改变心智模式，超越自我，走向未来。

我们尤其要关注的还有两个方面。一是关于"天下情怀"。对小学生提"天下情怀"是否合适？我认为，关键是对"天下"的理解。"天下兴亡，匹夫有责。"可见，天下情怀是中华民族的优良传统，是中国人的家国情怀，是关心人类进步、世界发展的情怀，是"先天下之忧而忧，后天下之乐而乐"的社会责任感和时代使命感。这正体现了清华附小学生博大的胸怀和崇高的人生追求。二是对儿童自身关于核心素养的认知与接纳程度的关注。清华附小创造性地提出"儿童版"的核心素养（严格地说，所有的核心素养都应是"儿童版"的）："健康、阳光、乐学"，它们好听又好记，好记又好做，好做又形象。其实这六个字关涉学生发展核心素养的方方面面，内涵丰富，覆盖面很广。

清华附小的行动也告诉我们，学生发展核心素养并不神秘，我们也不是一切从零开始，只要心中有儿童，从学校的历史、现状和未来发展等几个维度出发，完全可以形成校本化的学生发展核心素养。而校本化的学生发展核心素养必定让"1+X 课程"走向课改高地，永远闪耀素养之光。

视域之二：以"跨界"思维为路径，明晰课程整合的形态

课程整合——打开学科边界，使学生迈向反省思维，成为交界上的对话者，让课程闪耀跨界之美

如前文所述，我们通过整合实现课程的综合，意在提高学生的核心素养。在此基础上，我们还需要再追问，课程整合后形成什么样的课程形态？这样的课程形态带来的根本性变化究竟是什么，它会让课程改革走向什么样

的境界？

清华附小对此是有深刻思考的。首先，他们关注并思考了几件大事。一是关注了 2014 年诺贝尔奖的颁发。此届诺贝尔化学奖的得主竟然是一位物理学家。这折射的正是一种"跨界"现象，蕴含着深意。如评论所说：一个物理学家的身份并不能说明他的真正身份和研究领域，现代科学的前沿都是交叉的，简单的学科分类会给知识贴上标签，进而让人产生误解。"跨界思维""跨界研究"已进入国际性的评选范畴，并会日益鲜明。二是关注并思考了阿尔伯特·爱因斯坦。2015 年是相对论创建 110 周年，也是这位继伽利略、牛顿之后最伟大的物理学家逝世 60 周年。爱因斯坦不仅是科学家，也是数理逻辑学家，还是一位富有人文主义情怀的思想家，更是一位具有强烈正义感和社会责任感的公民。他说，如果一个人掌握了他的学科的基础理论，并且学会了独立思考和工作，他必定会找到自己的道路，而且比起那种主要以获得细节知识为其培训内容的人来，他一定会更好地适应进步和变化。从基础理论出发，超越自己的专业，这就是爱因斯坦的科学精神和人生哲理，也许这正是所谓的"相对论"。三是关注了清华大学最年轻的教授和博士生导师之一、2015 年国际蛋白质学会"青年科学家奖"获得者颜宁。颜宁说，生物学的发展有赖于化学、物理等学科提供的工具，如此才会有"结构生物学"之美。

在关注和思考之后，清华附小的结论是："1+X 课程"追求的是跨界之美，是让学生成为交界上的对话者。而其实质是思维模式、思维方法的改变。因为科学不仅仅是一种知识，更是一种思维模式、一种思维方法；科学发明的基础是文化，让科学精神与文化紧密结合，这已成为当下以至今后科学界和教育界努力的方向。所以，交界上的对话者，实质是跨界思维者、跨界探究者。跨界之美的实质是跨界思维之美、跨界探究之美。这不仅仅是科学界的事情，它必定影响并进入儿童社会和教育界，也必定会影响并进入课程和教学领域。

清华附小的"1+X 课程"带来的究竟是什么样的思维呢？我认为是杜威早就提出的"反省思维"。杜威认为人们的思维有各种不同的方式，其中"思维的较好方式叫反省思维"，"这种思维乃是对某个问题进行反复的、严肃的、持续不断的深思"；反省思维在天赋资源方面让儿童有各种不同的倾向，"概括起来便是好奇心"；在教育上的结论是，"疑惑是科学和哲学的创造者"，尽管"疑问并不等于好奇，但好奇达到理智的程度，就同疑惑是一回事了"。其实，反省思维论述的正是源于疑惑的批判性思维，其中判断起着十分重要的作用。杜威还十分明确地指出，知识性学科可能无助于发展智慧。他一直强调"学习就是要学会思维，而反省思维可以在怀疑、批判、创造中使人发生超越"①。交界上的对话者，便是以开放的胸怀接纳各种知识，又以批判性的眼光加以审视，进而产生新的想象。这样就跨越了学科边界，走向了创新。

清华附小的课程改革还启发我们，"1+X课程"是在为学生开门，而不是关门。打开学科边界，就是打开学科之门，一扇扇门被打开，互相呼吸，互相关照，互相支撑。所谓"+"绝不是简单的加法，而是丰富的乘法，其间有无限的好奇、无比的想象、无极的仁爱，等等，于是新的大门又一次被打开，学生又进入一个新的领域。

大数据时代的到来将会带来更广阔的跨界，"1+X课程"的意义、价值还会呈现新的境界。大数据不只是指信息量之大、之丰，更是指视野之开阔，它将带来大知识、大概念、大时代。大数据时代更需要信息、知识与能量的大交流，这样才会闪耀跨界之美。

视域之三：以主题教学为核心，确保基于核心素养的课程实施

主题教学——成为课改的核心理念、课程的价值观以及教学的高平台，在燃烧自己的同时点燃别人，闪耀着主题之智

围绕学生核心素养，"1+X课程"建构了学校课程体系，丰富了课程内容与资源，如何让其落地，即如何完成课程实施，也是需要思考的问题。其实，课程体系本身就应包含着课程实施，否则，体系是不完整的。换个角度说，假若缺少实施的策略、途径、方式、方法，即使课程设置再科学、内容再丰富、理念再先进，课程也是无法落实和实现的。

---

① [美] 杜威. 我们怎样思维·经验与教育 [M]. 姜文闵，译. 北京：人民教育出版社，2004.

清华附小以主题教学来展开和推动课程实施。多年来，由窦桂梅校长推动创立的主题教学在挑战中前行、完善，在经受诸多考验中坚守、发展，其意义和价值也日益丰富和深刻。

1. 主题教学是一种理论主张

必须指出的是，主题教学不只是实施层面的，更不是操作、技术层面的，它是基于理性思考之后形成的教学主张，有着充分的理论意义。这一主张是由以下框架构成的。

其一，主题教学的宗旨。窦桂梅鲜明地提出"语文立人"的宗旨，即主题教学是为了育人，为了促使儿童语文素养以至整个素养的提升。鲜明的儿童立场，让儿童在主题教学中站立起来。一个个主题犹如儿童一个个前行的脚印，一个个主题好比儿童心灵中绽放的一朵朵智慧之花，一个个主题恰似儿童向外、向前、向上攀登的支架。总之，一个个主题丰盈着儿童的心灵，强大了儿童飞翔的翅膀。进一步说，发展是最大的主题，这是主题教学最核心的理论主张。

其二，主题教学的理念。主题教学形成了"超越"的理念：立足课堂，超越课堂；用好教材，超越教材；尊重教师，超越教师。这三个"超越"以简明的语言，道明了传统与现代、课内与课外、教材与资源、教师与学生的关系。我们可以这么认识：主题教学之主题即为超越。我们应当承继，但更应超越，没有超越何来创新？何来拔尖人才的脱颖而出？我认为，这正是主题教学理论主张的崇高之处。

其三，主题教学的原则。主题教学坚持走整合之路，整合是主题教学的原则和策略。需要补充的是，整合的原则，解决了长期以来语文教学存在的"工具性与人文性割裂""教学内容支离破碎""学生学业负担过重"等问题，促使语文教学结构化，从整体上和根本上提高语文教学效益。主题教学这一理论主张具有结构性、整体性、统筹性等特点。

2. 主题教学是一种实践模式

一种理论主张必须有实践模式来支撑，并且可以在长期的实践中，经受住各种考验，被证明是行之有效的。清华附小在主题教学的实践中，解决了以下一些问题。一是整合类型。学科内的整合、学科间的整合、课内外的整合，这三种类型的整合覆盖了儿童的学习生活。二是整合课时。学校将原有的固定课时，调整为长短不一的"大、中、小、微"四种课时，这有利于学生学习不同课程。三是课程实施实行"三化"：课程标准清晰化——编制"学科质量目标指南"；课堂目标操作化——研发"课堂乐学手册"；学习过程自主化——凸显乐学单。四是课堂教学采用"预学—共学—延学"的教学程序。作为一种实践模式，主题教学具有目标明确、版块清晰、操作具体、检测系统健全等特点，体现了"理论化的实践"和"实践化的理论"等特点。实践证明，主题教学是可行的，是行之有效的。

3. 主题教学彰显了主题之智

主题教学像是一支火把，点燃了教学改革之火和教师创造之火。

其一，主题教学点燃了核心价值观。课程、教材本身是一种价值存在形态，但从价值走向价值观，需要通过教学去引领和转化。主题教学以关键词、意义群来呈现核心价值观，有利于核心价值观的培育和践行，而且我们可以这样判断：主题教学之主题往往是核心价值观。

其二，主题教学点燃了儿童的深度学习。深度学习是基于主题的自主学习、批判性学习，也是基于主题的创造性学习。主题教学以激情和智慧，去激发学生内在的激情和智慧，使其进入深度，进入核心，进入真正的学习。

其三，主题教学点燃了教师的创造性。主题教学给了教师巨大的空间，因此，教师成了课程、教材、教学的研究者与创生者。草根生命创造力的焕发，让课程成了最有希望的田野。

第四辑

请学会改变

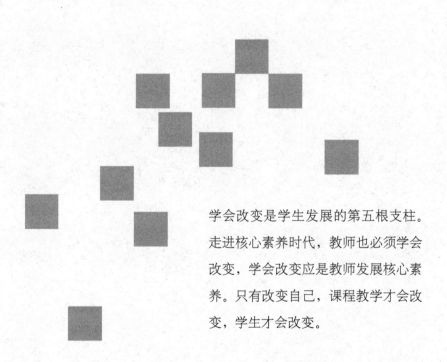

学会改变是学生发展的第五根支柱。走进核心素养时代，教师也必须学会改变，学会改变应是教师发展核心素养。只有改变自己，课程教学才会改变，学生才会改变。

请学会改变

有几个事例正在冲刷着大家对教育的认识。

一个事例是，2016 年的里约奥运会，中国体操运动员成绩远不如以往几届：无金无银，只有两铜。有些运动员在走下赛场的时候，满以为可以拿高分，因为动作难度系数高，结果却不是这样。这是为什么？因为他们对体操比赛评分标准改变了并不清楚：标准已不全在难度上了。有一位运动员说：我知道评分标准改变了，我想改变，要适应，但时间已来不及了。

第二个事例是，2016 年诺贝尔文学奖颁给了一位美国民谣歌手、音乐人鲍勃·迪伦。当时文学界一片哗然，文学奖怎么颁给歌手呢？他做的是文学吗？后来，大家冷静下来想一想，这还真有道理：文学的边界已经被打开了，边界也比较模糊了，看来文学应当被重新定义。重新定义也是一种改进和改变。

第三个事例是中国学生发展核心素养的发布。不少人说：又来了一个新名词。以往我们熟知素质教育，熟悉并亲近了三维目标——知识与技能、过程与方法、情感态度与价值观，怎么又来了核心素养？这是在玩概念，玩新名词，我们无所适从，只能以不变应万变，还是不变为好。而有的人则认为，学生发展核心素养，是风向标，意味着教育要转向转型，谁不能敏感地抓住这一契机，很可能在转弯处，从车上被甩出去。

还可以再举出一些例子。这些例子都在说同一个问题：社会在改变，时代在改变，教育也要改变，我们要学会改变。

曾记得，上个世纪 90 年代，联合国教科文组织在著名的《教育——财富蕴藏其中》的报告中，提出四个学会——学会认知、学会做事、学会共同生活、学会生存，称为四根支柱。2003年，联合国教科文组织又提出第五个学会——学会改变，称为第五根支柱。支柱，具有支撑性、引领性，也具有根基性、生长性。学会改变，已成为现代人发展的核心素养，包括学生，也包括教师。这一核心素养，对教师提出了挑战。

有一个问题我们一直在关注和思考：教学的核心是学生在教师的帮助下学会学习，改变教师以教为主、学生被动学习的状况。但这一要求并没有真正达到，课堂教学并未发生根本性改变。原因究竟在哪里？固然有许多技术性问题，但教师没有学会改变是其中一个十分重要的原因，所以，有学者调侃似的说：要让教师的旧理念旧习惯"断气"。断气，意味着决裂，意味着真正改变。我们不妨这样提醒自己：我们的旧理念旧习惯"断气"了吗？我们学会改变了吗？

把"学会改变"写在自己的心里，写在自己的行动之中吧。

心视角与教育视界

　　不言而喻，"教育视界"是教育的世界，是用教育之眼去看教育世界，用教育之眼去看整个世界。这是教育的伟大使命，描绘了教育的气象和境界。

　　往深处去讨论，教育视界，是心的世界，打开心的世界，才会看到教育世界和整个世界。教育，从心出发，这是"教育视界"给我们的命题。

　　于是，一个概念诞生了：心视角。教育从心出发，用心去观察，用心去感悟，用心去发现，建构一个心视角。心视角将教育视界引向哪里呢？

　　心视角，将教育视界引向人。大概是巧合，有三个回答汇聚到一起。一是苏霍姆林斯基对一位物理教师这么说："你不是教物理的，你是教人学物理的。"二是美国年度模范教师、《第56号教室的奇迹》的作者雷夫，中国教师问他："你究竟是教什么课的？"他回答说："我不是教课的，我是教人的。"三是窦桂梅，她对语文教育是这么理解的："我是教语文的，我是教人学语文的，我是用语文来教人的。"人，是教育的主题和主体。人，永远是教育的目的；人才是人的最高价值。心视角，是人的视角，用心去发现人的心。心视角，教育中永远有人的身影，永远有人站立在课程、教学的深处。

　　心视角，将教育引向人的思维。杜威说得好："学习就是要学会思维。"意思十分明确，真正的学习是真正的思维品质、能力、方式的培养，让学习真正发生，应当是思维真正发生；深度学习，说到底是具有挑战性的思维学习。日本研制学生发展核心素养，将思维能力作为重要内容，提出培养学生逻辑思维能力、批判性思维能力、元认知思维能力、适应性思维能力和创造性思维能力。心视角，是从心发出的看一看世界的愿望，是由心而生的思维的角度与方式。

心视角，将教育引向学习的体验。体验，不仅是以身验之，而且更为重要的是用心悟之。教育绝不是简单的传授、简单的告诉，也不是简单的、重复的训练。没有在真实情境里的经历，在经历中感悟，就不可能有真正的知识发生，不可能有真正教育的发生。当然，不可能也没有必要，任何一种知识的获得都要去经历和体验，但无论是哪种学习方式，都应当让学生的心真正进入，心的真正进入，才会将知识内化，让心灵丰盈起来。

心视角，将教育引向世界。过去，我们将一门课程、一堂课当作一个世界，固然是了不起的进步。如今，我们应当将整个世界当作课程、课堂。心视角，让教育迈向广阔和深远。

用心视角建构起来的教育视界，多么伟大与美好。将教育视界的核心对准心视角，让心视角置于教育视界的核心吧。

千年古树万年根

在贵州黄果树，吸引我的当然是黄果树瀑布，高 70 多米，宽 100 多米，飞流直下，水花溅湿了衣服。尤其是那水帘洞，人在洞内，瀑布在洞外。洞内水滴发出奇妙的声音，像是《中国诗词大会》上等待赛手报出答案前的声音；洞外飞瀑的声音，与洞内水滴声相互映衬，让人在遐想中有另一种享受。

也许是因为水的无穷无尽的滋养吧，在黄果树的山上，不时会看到大榕树，一棵又一棵，互相缠绕着向上、向外，古朴、苍劲，似是与山石对话，又似是仰望长天，期盼着蓝天深情的呼唤。此时，2016 年诺贝尔文学奖得主鲍勃·迪伦的诗句响起："一个人要仰望多少次，才能看清天空，一个人要有多少只耳朵，才能听见人们的哭泣……答案在风中飘扬。"

是的，答案在风中，可我又深深感悟到，答案在山上，在山石的下面。山石下面有树根，答案在树根中。有人这么评说大榕树：千年古树万年根。意思很明白：只有万年的根才会有千年的古树，千年古树的"千年"来自根的"万年"。这万年的根既是时间的久远，又是源泉的不竭，更是无比强大的生命力的永恒。在赞赏古树千年之历史、苍劲旺盛、顽强向上的精神和品格的同时，千万别忘了地下的根，别忘了它的永远的存在、永远的滋养、永远的坚守、永远的支撑。我甚至还想，与其赞美地上的古树，还不如赞美地下的根。当然，作为一棵树，它是一个整体，可我们往往只看到它显现的部分，这显现的部分特别光鲜与荣耀。可是，那沉默着的地下的根呢？

眼睛向下吧，去追寻那"万年根"吧，将"万年根"珍视起来、保护起来，让它永恒，让它在静默中生出无穷的力量、无极的美、无限的希望去寻那"万年根"。

大概道德就是那"万年根"。道德，是人成长的基石，缺失这一基石，人就站不稳，站不长。道德，是学生终身发展旅程中的光源，缺失这一光源，学生就会在黑洞里不知前行的方向；能力让你站到山顶，而道德则让你永驻山顶；没有知识，不可怕，因为道德可以来弥补；而没有道德，知识再多也无用。总之，国无德不兴，人无德不立。道德，这"万年的根"支撑你生长，把握你生长的方向，提供你永不衰竭的动力。也许这正是立德树人的根本要义，我称之为核心命义，是不过分的。

遗憾的是，道德常常为利益所挤压和驱赶，也常常为成绩、分数所遮蔽所替代，还常常为所谓的时尚所讥讽，颜值高成了一切评判的标准。可要知道，此时，"根"已被动摇了，甚至被挖掘了，"万年根"早就不复存在了。这意味着什么？难道我们还不清楚吗？

呵，千年的古树，万年的根！

把学校建在图书馆里

所有学校都有图书馆。图书馆建在学校里。

图书馆是学校的文化窗口、文化高地，图书馆的形象代表着学校的形象，从图书馆可以猜想学校的文化追求和文化境界。因此，走进学校必定要去图书馆，坐在图书馆，就好比走遍了学校的每个角落，走进了每个人的心。

突发奇想：是图书馆建在学校里呢，还是学校建在图书馆里呢？从形式上看，从空间来看，图书馆还建在学校里，这时，图书馆是个物理学的概念。而学校建在图书馆里，已超越了空间，进入一种意境，形成一种文化气象。此时，图书馆已是一个文化概念。

学校建在图书馆里，是真实情境的描述。学校是一种文化的存在，是一种文化形态。学校是学习的场所，学习就得读书。在哪里读？在教室，在走廊，在操场，在宿舍，在学校的角角落落……到处都有读书人，到处都书声琅琅，这才像个学校，这才是一所好学校。到处都有书，到处都有读书人，到处都洋溢着读书声，学校不就是个图书馆吗？学校不就建在图书馆里吗？这种真实的情境，飞扬着文化的气息，丰盈着师生的心灵，让人浸润在文化之中，接受文化洗礼。

学校建在图书馆里，是一种理念的光照。马克·吐温说："有能力而不愿读好书的人和文盲没有两样。"苏霍姆林斯基说："一个不阅读的孩子就是学习上的潜在差生。"学校建在图书馆里，意指所有的人，无论是教师还是学生，无论是学习先进的学生还是学习略显后进的学生，都得读书，读书是教师和学生天经地义的义务和责任，是所有教师和学生的文化使命。此时，这样的义务、责任、使命已形成了学校教育的核心概念和核心主题，而这一核心概念、核心主题已是核心理念的折射。在核心理念的关照下，学校的图书馆，还有学校的教室、各种专用教室已成为一片田野，田野里的花、草，还有那一棵棵的树，就是那一本本的书，有书的田野永远没有天黑，有书的人永远不会变老。把学校建在图书馆里，就是追寻这样的理念和意境。

学校建在图书馆里，是一种文化愿景的追求。图书馆为每个人开启一扇又一扇新的窗户，从窗户可以瞭望地平线，瞭望海洋、山脉、平原，整个世界都在自己的心中。又何止是图书馆呢？教室、实验室、美术室、舞蹈房、音乐厅，以至宿舍、餐厅，都敞开了一扇又一扇新的窗户，它们已俨然成为图书馆。此时，整个学校与偌大的世界、浩瀚的天宇联系在一起，历史、现代、未来都被"收"了起来。于是，图书馆和学校就是世界，就是未来。这是学校的文化愿景：从图书馆出发，从学校出发，走向世界和未来。

往深处讲，无论是图书馆，还是学校，都离不开人，是把图书馆建在学校里，还是把学校建在图书馆里，说的都是人，都是关于人的读书，都关乎读书人。只有读书，人才会获得发展的原动力，人才会在读书中进步。人在哪里，图书馆就在哪里，当学校里的人随时、随地都在勤奋地、刻苦地读书，读书成为学校里所有人工作、学习、生活方式的时候，学校真的是建在图书馆里了。

核心价值照耀课程基地

　　课程基地，一个既熟悉又颇感陌生的概念，准确地说，过去更多的是陌生，而现在更多的是熟悉，而且越来越熟悉。当然，它还会陌生起来，因为它还会有新的发展，在发展中展现新的面貌。无论是熟悉还是陌生，江苏教育人对它有着一份特殊的情感，那是对它的喜爱、支持和追求。

　　讨论课程基地的价值意味着要超越现象，走向价值选择、价值立意和价值追求。假若课程基地建设满足于表面形式，仍追求、满足于条件、技术和所谓的特色，就有可能偏离了价值，也就偏离了课程基地建设的宗旨和方向。因而很有可能出现这样的现象：比条件，哪个基地大，哪个基地条件好，哪个基地就好，甚至可能在豪华上下功夫；比技术，技术先进、设备一流，这样的基地就好，很可能会盲目攀比；比特色，为特色而特色，因而追求学校声誉，忘却了学生的发展，所谓特色成了一块招牌（我对教育上的"品牌"概念总是心存疑虑的）。这不是说课程基地可以不讲条件、不追求技术、不形成特色，而是说，仅止于此而不深入到价值，必然是平庸的、肤浅的，而且可能会偏离课程基地建设的本义——课程基地要不忘初心：价值立意和价值追求。

　　价值立意和价值追求是多元的。我们可以对课程基地的价值作些梳理。其一，从课程结构看，其价值在于促进课程的综合。课程的综合丰富了课程形态，形成了课程交叉地带，拓展了课程领域，又能促进学生的跨界学习，开阔视野，融通知识，用多种方式进行学习，因而更有利于培养学生的创新精神和实践能力。而创新精神、实践能力正是中国学生的发展核心素养，核心素养的发展让我们看到了中华民族的未来。其二，从课程的个性看，其价值在于从学校课程的基础和需求出发，形成学校课程的特色。特色化课程有利于学生个性发展，同时促进和而不同的、生动活泼的课改气象的形成，改变教育同质化现象，进而形成具有中国特色和江苏特点的学校课程体系。其三，其价值在于让教师们成为课程领导者，进一步开发校长和教师的课程创造力。这种自上而下与自下而上改革路线的结合，把顶层设计与基层（个人）创造性探索统一在一起，教师主动进入课改的潮流，与课改共发展，与学生同成长。当教师们成为课程创造者的时候，课改一定会进入深处和内核。以上价值已被许多学校课程建设的实践印证了、实现了。这是江苏课改的重大进步。

在多元价值的选择中，不能忽略核心价值的选择。核心价值的选择涉及价值的根本尺度。核心价值的根本尺度，是人的需要和能力发展，即人发展的核心素养。这种根本尺度又聚焦在信念、信仰和理想上。不难理解，课程基地建设的核心价值，就在于探索、建构以核心素养发展为目的的育人模式，在信念、信仰和理想上生长起课程文化。这是课程基地建设的根本目的。我们应不忘核心价值的"初心"。这一价值立意要永远坚持、永远追求，让育人这一核心价值旗帜永远在课程基地的上空飘扬。

规范：课程开发应有的品质

　　课程改革正在深入进行，其中，课程开发显得尤为活跃，用风生水起、蓬蓬勃勃来描述是恰如其分的。实践生动地表明，课程开发首先开发了校长、教师的自主性、积极性和开发性。我们为此而欣喜。

　　任何改革进行到一定阶段都要回顾、反思，总结经验，发现问题，以利再战。课程开发同样如此，在看到进展和成绩的同时，还应认真、深入地审视和反思。审视和反思，我们不难发现，课程开发还存在一些问题，比如课程开发的规范性不够强，就是其中一个突出的问题。值得注意的是，开发的规范性不强乃至缺失，必然带来课程开发的随意，乃至开发的盲目，这必然会影响课程的质量和水平，最终当然影响了学生的发展。值得注意的是，这一现象还较为普遍地存在着。课程开发的规范性，是个亟待研究和改进的问题。

　　课程开发的规范性不强，集中表现在以下四个方面：

　　其一，缺少科学、合理的顶层设计和规划，学校课程体系比较乱。所有课程进入学校以后便获得了一个重要身份：学校课程。学校课程包括国家课程、地方课程的创造性实施，也包括校本课程开发，站在学校课程的角度，国家课程、地方课程的创造性实施亦是一种课程开发的过程，而一些学校对学校课程的理解和把握不够准确，误以为校本课程就是学校课程，因而，把主要精力放在校本课程开发上，成为课程开发的兴奋点，自然就忽略了国家课程、地方课程的创造性实施。严格地说，这样的课程体系是不规范不合理的，科学性是不强的，很容易造成课程的畸重畸轻，造成学校课程的混乱，对学生核心素养的发展是不利的。

其二，没有认真按照课程的宗旨和课程元素去开发课程，所开发的课程不具备课程的意义。这一问题集中表现在校本课程开发上。一些地方和学校把校本课程开发的宗旨定位于形成学校特色和品牌，学校的特色和品牌遮蔽了学生，于是，学生从主体地位上退下来，坐在"次席"上，甚至缺席了。这样的目的显然是有大问题的。此外，校本课程开发固然可以从兴趣小组的活动开始，但兴趣小组活动如果不按照课程元素去改造和优化，尽管冠之以"课程"二字，也不能称之为课程，是否成为课程，不在于它的名，而在于它的内涵与意义。同时，校本课程没有按照开发的程序去进行，缺少必要的论证和审议。总之，从总体上看，校本课程开发是比较随意的。

其三，拓展性课程开发的重点不够准确。拓展性课程是与基础性课程相对应的概念，它是对基础性课程的适当拓展，但这绝不意味着它就是为基础性课程服务的。一些地方和学校又把拓展性课程定位于应试科目的拓展，追求知识的加宽、难度的求深、要求的拔高，而忽略了学生兴趣的培养和综合能力的提升。拓展性课程开发缺少纲要或方案，缺少准确定位和开发规范，是造成问题的主要原因。

其四，在开发的认识上也亟待调整和提高。一些地区和学校，开发课程存在以下误区：一是认为课程开发得越多越好。盲目追求数量，甚至还存在攀比现象，"以多求胜"的心理比较突出。二是认为课程名称越新越好。在课程名称的新颖上下功夫，猎奇的心理比较突出。三是认为课程越综合越好。综合固然是改革的走向，但绝不是以综合代替一切，不是以综合否定学科课程，也绝不是不分学段、不从学校实际出发地一味求"全"，求综合。综合更主要的是理念和方式，而不只是课程形态。这样的开发，认识上的不准确，是产生问题的主要原因。四是认为课程开发越往"下"越好。既然有了校本课程，就应有班本课程；既然有了班本课程，就应有师本课程；而最终应有生本课程。我并不反对班本课程、教师课程，而且也赞同；问题是这些课程概念的逻辑关系没搞清楚，相互交叉、重复，应该梳理好。我也十分赞成自下而上的开发路线，但"下"是为了什么，"下"到何处，怎么"下"，这些问题没有搞清楚，如此开发，问题难免发生。思考不深以及追求功利是产生问题的主要原因。

规范，是课程应有的品质。规范，主要指课程及其开发的规定性。遵循规定性，突显规定性，才符合课程的规范性，课程才会获得课程的意义，才能称其为课程。因此，规范是课程开发的应有之义和内在的应有品质。课程的规定性，主要指课程的基本元素和课程开发的程序。课程的基本元素包括课程名称、课程定位、课程理念、课程目标、课程内容、课程实施、课程资源、课时安排、课程管理、课程评价等。强调这些元素，倒不是在概念上、形式上兜圈子，而是强调具备了这些元素，才可能是真正意义上的课程，好比一部机器，具备了所有的零部件，才称之为机器一样，零部件缺失，这部机器当然是残缺的，有时是不能称其为机器的。而如何组装这部机器就是课程开发的程序和技术。程序和技术，在课程论中已有不少论述，我以为特别重要的是课程开发的规划、设计、论证等应鼓励教师深度参与，参与度越高，参与的深度越深，课程开发越能达成共识，越能集大成智慧，越能培训教师，提升课程能力。

　　为了增强课程开发的规范性，提高课程的品质，我以为应该坚持"回到"的理念，即回到课程的"跑道"上去。课程即跑道，这一理论或理念至今都没有落后。"跑道"，长期以来，我们专注于"道"，而忽略了"跑"，如今，我们已重视了"跑"，即重视课程实施的过程，过程中的经历、探究、体验、感悟、发现，这是一个重要进步。与此同时，我们是不是又忽略了"道"呢？"道"，不只是指课程内容，也包括课程的目的性、计划性，包括必要的规则和制度。从某种角度说，重视"道"是重视课程的规则，重视课程的规范性。"跑"与"道"是个整体，是不可分割的，回到"跑道"，就是回到完整的课程意义上去，包括回到课程的规范性上去。对此，我们要坚信不疑，也要坚定不移。

　　课改深入到今天，我们需要激情，也需要理性，需要理性精神、科学态度。当下，尤要重视科学理性。关注、研究、提高课程开发的规范性，提高课程品质，应是一种激情与理性的结合和统一吧。

语文教学是教儿童学语文

我们一定还记得苏霍姆林斯基的小故事。苏霍姆林斯基曾对一位物理教师这么说:"你不是教物理的,你是教人学物理的。"

北京十一学校校长、语文特级教师李希贵对来考察的兄弟学校的老师这么说:"我们不是教课的,是教人的。"

由此,我们完全可以演绎出这样的情境,对语文教师这么说:"我们不是教语文的,是教儿童学语文的。"

我以为,这就是核心素养下的语文教学。

大家一定会质疑:那个时代,那个时候,还没有核心素养概念呀!是的,那时还没有核心素养概念。不过,没有核心素养概念,不等于没有核心素养存在啊。核心素养早就在学生的心理结构、在学生的语文学习、在学生的生活中活泼泼地存在着。如今,作为一个概念被提出,让我们方向更明确,目标更坚定,行动更自觉。对核心素养不应感到神秘,而应感到亲近。

不是教语文的,绝不是对"教语文"的否定,而是对语文教学的深度认知、重新发现、再次定位。"教儿童学语文"正是语文教学的核心素养观,其主旨是人,是儿童。不言而喻,核心素养是关于人的,人才有核心素养;核心素养是为了人的,为了人的核心素养的培育与发展;核心素养的发展是主体行为,核心素养是人自己培育、发展起来的。离开人,哪有核心素养可言?即使有什么核心素养,又有何价值和意义?"教儿童学语文",让儿童在语文教学中站立起来,让目的性、主体性、创造性凸显起来,这样的语文教学才是伟大的语文。

是的，语文教学常常有这样的现象：只看到语文教材，可看不到用教材学语文的儿童；只有语言文字，可看不到儿童在语言文字里的情感、思维和心灵；只有语文教学过程，看不到教学过程中儿童的学习。我们常说，让学习看得见，可看不见儿童，学习怎么看得见呢？我们还常说，让学习真正发生，可儿童是怎么学习的还不清楚，学习怎么可能真正发生呢？让儿童在教材里出现，让教材里的儿童与教室里的儿童相遇、对话；让儿童在教学过程中活跃起来，在丰富、复杂的情境里探究、体验、思考，才会有真正的语文教学，或曰真正的语文教育。

不仅如此，"教儿童学语文"至少还有另外两层意思。一是儿童"学"语文。"学"是儿童自己的行为，不是被动的，更不是被迫的；"学"，也绝不是做题目、考分数，学语文的方式是生动活泼的，内容是丰富多彩的。"儿童学语文"的最佳状态、最美姿态是：渴望学习、生动活泼地学习。二是"教"儿童学语文。语文教学，只有学，没有教，不是真正的语文教学。儿童学语文需要教，不过需要教师智慧地教。智慧地教，是教师与儿童一起学，是把自己当作儿童与儿童一起学。智慧地教，是"不教之教"。

如此，语文教学诠释了一个学术观点：文学是人学，教育学是人学，语文是儿童自己的语文，语文教师的语文教学是"教儿童学语文"。

语文的高度

诗人卞之琳曾写过一首著名的诗，关于在哪里看风景的。林清玄也说过类似意思的话，在不同的地方，会看到不同的东西，比如，在地上、在楼上、在山上、在天上。德国教育人类学家博尔诺夫论述过人生活的时间、空间和"点"三个向度，站在不同的地方就会有不同的视点，有不同的视野，形成不同的格局。站在哪里，的确是个重要的命题。

那么，语文教学呢？语文教学该站在哪里呢？一位名师和他的团队说，语文教学应有的高度，就是语文课程的高度。他们的命题里暗含着一个意思：有些人，往往不是站在语文课程的高度，而只是站在语文教学的角度教学。这就自然提出一个值得深思和讨论的问题：为什么要站在语文课程的高度教语文？站在语文课程的高度教语文究竟意味着什么？

课改以来，我们的课程意识不断增强。课程与教学是两个不同的概念，语文、语文教学是课程的一种形态，但不是课程的全部；它要折射课程的理念、目标、要求等，而课程的理念、目标、要求等应当观照和统领语文、语文教学。站在语文课程的高度，首先要将语文当作课程来对待，语文教学不能游离于课程之外，这样的语文教学才是具有课程意义的，也才是有高度的，否则，可能会变得褊狭起来、逼仄起来——这是课程高度的本义。

站在语文课程的高度教学，意味着站在课程理念的高度。柏拉图说，理念是完美的，永恒存在。课程理念即课程观，是课程价值观，亦即对课程的价值判断。我深以为，课程是馈赠给孩子们的一件幸福的礼物，这份礼物充溢着文化的意义，让孩子快乐地学习，幸福地体验，创造性地想象和表达，因而会形成语文教学特有的气象——这是文化的高度、价值的高度。

　　站在语文课程的高度教学，意味着站在更广阔的背景下教语文。课程是一个世界，它把世界纳入了课程。在课程的世界里，你会发现世界的无限，于是将自己融入世界，自己就有了无限的可能。这样的语文教学才是开放的、开阔的——这是语文教学的世界高度。

　　站在语文课程的高度教学，意味着语文与其他课程发生自然而又紧密的联系，站在课程综合的高度教语文。课程是个大家族，在语文世界里有各种课程群落，各个群落间有着各种关联，不时地形成各种课程共同体，这是一个综合体。课程综合，往往形成课程的交叉地带，或是边缘地带，形成一片新的开阔地。正是在课程的综合状态下，学生有了新的想象、新的发现，创新精神萌发、生长起来——这是创新的高度。

　　站在语文课程的高度，让语文教学永远向上，永远向着真、善、美。其实，语文教学的高度就在语文教师的内心。

汉字魔方课程范式的独特性与新品质

关于汉字，有许多精彩的论述，比如梁衡先生说过这样意思的话：汉字好比母亲美丽的脸庞，好比母亲温暖的胸怀，又好比母亲甜美的乳汁。由此，我感悟到，汉字有无限的母性，可以温暖一切，创造一切。比如有学者讨论为什么拉丁语会"死去"，而汉字却"活"了下来，其根本原因在于，汉字在人类文字发展史上独树一帜，其内涵体现的文化博大精深，因而进入计算机时代，古汉字仍呈现出勃勃生机。又比如日本学者西嶋定生先生所研究的"汉字文化圈"构成要素，首先是以汉字为传意媒介的，这是"汉字文化圈"最显著、最重要的特征。

不言而喻，加强汉字及其书法教育，是我们的文化使命，体现的是我们的文化自觉。同样，加强书法特色学校建设，也是理所当然的，是加强汉字及其书法教育的重要举措。问题在于，我们该怎么进行书法特色学校建设。对这一问题定会有不同的应答，相信这些应答都一定很有道理，都很精彩。不过，当读了南京市中央路小学林虹校长和她团队的四篇文章后，我以为，他们的应答更显特色，更为精彩，更显现出一种建构的观念和情怀，这样的建构更整体、更大气，思路更清晰，内容更丰厚，而清晰中又蕴藏着深刻，丰厚中活跃着灵性，创意的气息扑面而来。我很赞赏，我很感动。

如果为中央路小学的应答与建构作一概括的话，那就是：建构书法课程的独特范式，培育书法教育新品质，其宗旨就是"让墨韵浸润儿童的心灵"，其立意就是"给予'小种子''小秧苗'中华传统文化的给养"，让学生成为"有中国印记的儿童"。这种范式的独特性在哪里呢？这样的新品质又新在何处呢？当然，这些都聚焦在"汉字魔方课程"上。"汉字魔方"，让汉字及其书法教育课程化，让汉字及其书法教育有了载体，而这样的教育和特色建设更科学、更规范，也更能落实、更有效。

但凡课程，首先是课程理念的定位。汉字魔方课程是从中央路小学"适性、融和"的办学理念出发的，它为每一个学生提供适合的教育，让学生在丰富的教育资源的交汇中融入课程体系，融入真实、生动的教育情境，进而在中华优秀文化传统中浸润、体验、陶冶。毋庸置疑，汉字魔方课程只是学校课程体系的一个组成部分，但其价值却不可低估，用林虹校长的话来说，就是"在学校种子的课程中，以书法教育为切入点，立足'小视角'，开拓'大视野'，围绕'墨韵'，由点及面，由单一到多元，深广并举"。不难发现，这样的视角并不小，视野当然很大。这样的价值定位并不低，言其"深广并举"还是很恰当的。

新品质又体现在汉字魔方课程的目标上。"学在中央，稚子大成"。如此的表述显现了智慧，其深意是学生永远站在学校的中央，站在课程的中央，稚子终会大成，拥有大成智慧，成为智者。而"小种子""小秧苗"恰是"中央"二字分别加上"禾"而成，巧妙中有一种意趣，孕育着课程目标：汉字魔方课程与学校其他课程一起，"小种子"长成好大一棵树，"小秧苗"终于带来希望的田野。也许最终很难在大树和田野中，分得清哪是汉字魔方课程带来的，但汉字的文化基因已发育成文化胚胎，文化印记已被密密打上。

汉字魔方课程，名称固然有乐趣，具有神奇感，充满儿童味，让儿童在有意思中学得有意义。更为重要的是，他们所规划、设定的四种实施路径，把魔方的神奇感、趣味性、儿童特点自然融合在生活中：浸润——"字趣环境"课程，滋养儿童的儒雅气质；嵌入——"种墨山房"课程，培育儿童的汉字书写能力；活动——"玩转汉字"课程，发展儿童合作探究的能力；适配——"书画陶艺"课程，适性发展学生的书法艺术潜能。浸润、嵌入、活动、适配既是课程的开发方式，又是儿童的学习方式，无论是表达还是阐释，都很新颖，独特性就在其中。

课程范式的独特性与教育的新品质，是一个问题的两个方面，它们是互动的，范式的独特性正是新品质的应有之义，新品质又依托独特的课程范式，汉字魔方课程让我们看到水墨汀里的童心，用书写在笔尖上旅行，跟着汉字天马行空地去探究……这是一幅精彩的教育图景。图景渐渐拉远了镜头，推出了"墨韵浸润儿童心灵"几个大字，凸显，鲜明，闪亮，悄悄地冲击你的心灵，于是，我们又推开了另一扇通向世界的大门。

向好、有氧：长成好大一棵树

施璐嘉老师为自己的文章取了一个题目，题目中有一个十分素朴的词语——向好。很惊讶，她为什么不用"向伟大""向崇高"呢？她不是不知道"向伟大""向崇高"比"向好"更响亮、更精彩，而是她有着自己的信念与坚守，那就是，"向好"最为重要。向好，是最为积极的心态，是永远的行走姿态，只有向好，才能最终向崇高。其实，向好本身就是一种崇高、一种伟大。

正是坚守向好的信念，施璐嘉决心首先做个好教师。这个时代需要名师、名家，不过，这个时代特别需要好教师，没有好教师哪来名师、名家？名师、名家本身是个好教师，只有好教师才能走向名师、名家，"呼唤名家"实质上是呼唤好教师。施璐嘉是个好教师。她用自己的性格，尤其是以自己的品格和风格，彰显了一个好教师的内涵和品质：从容、不急、不躁、不张扬、认认真真、踏踏实实、潜心钻研。她用自己的实践，探索好教师走向名师的成长路径：永远在课堂，永远在研究，永远和学生在一起，永远上好每节课，"上好每节让学生乐学喜获的课是我的挚爱""每场讲座都是一次心灵的远行"。她用自己成长的经历与体悟，告诉我们一个素朴的道理，只有做个好教师，教育才更有希望，对于教师专业发展才会有更普遍的意义。联合国提出的"教育始于教师"，其实质是"教育始于好教师"。施璐嘉还在告诉我们，名师、名家不是"呼唤"出来的，而是实实在在"干"出来的，抑或说，呼唤的是名师、名家的品格、情怀、精神和思想。

向好，可以有多种理解。学校的教师用一个比喻来描述施璐嘉：一棵不断成长的大树。这一比喻已成隐喻。其一，树是自己生长的，生长、成长别人无法代替。施璐嘉有着自己成长的愿望和追求，有着自己成长的能力和方式。其二，这是一棵向上长着的树。向上长，就是向着蓝天、向着太阳、向着希望。施璐嘉有着自己的憧憬，她心中有一片蓝天，怀揣着理想，永远向上、向前、向未来。其三，向上，还要向下，这棵树把根深深扎在土地上。大树深吸着大地母亲的乳汁，这大地就是她自己所说的"执着于教育的原野"。岗位不断变，职务也在变，但不变的是对教育情怀的坚守和对学生的诚诚之爱，不变的是她挚爱的课程、课堂、教学。这棵正在生长的树，一定会长成一棵好大的树。它的枝枝叶叶，永远向着学生舒展，永远为学生提供一片绿荫。它不在乎自己的美丽、壮观，在乎的是我为学生做了些什么。一棵正在生长的树，是伟大的树。

树，需要养料，需要氧气，准确地说，这棵树自己要制造氧气，为大家输送氧气。因此，施璐嘉自信地说：教有氧的英语。英语课程及其教学原本就应有氧，遗憾的是，在应试教育的破坏下，氧气淡化了，渐渐消退了，最终缺氧了。教师的使命就是让氧气回来，回到英语，回到课程，回到课堂里去。有氧，就是有文化。英语教学必须弘扬中华民族的优秀传统文化，与此同时要尊重和吸纳世界的多元文化，既有家国情怀，又有天下意识。有氧，就是有道德。立德树人不是一句空话，要落实到所有学科的教学中去，当然也要落实在英语教学中，让道德伴随英语教学，让英语教学中生长道德意义，学生在学习英语的同时，也在道德中成长起来。有氧，就是有生活。英语教学不应当只是个纯粹的符号世界，它应当与生活相联结，在生动活泼、丰富多彩的情境中学习，"氧"来自生活，生活本来就是"氧"。施璐嘉这一"教有氧的英语"的教学主张，暗含着她的信念：时刻帮助学生获取氧气，并且制造氧气，而且学会为其他人输送氧气。此时，施璐嘉也在用氧气点燃学生的心智，点燃学生的理想。

向上、向好、有氧、制造氧气，施璐嘉就是用这样的理念和姿态，让自己长成一棵好大的树。她是好教师，必然会成为名师、名家。

那些课堂中司空见惯的应答

一个值得注意的现象是，那些课堂上常常重复出现的问题，像是一部放映机，重复播放着相同的内容。大概是因为事情太小了，不值得关注，更不值得研究；也大概是因为重复得多了，见怪不怪了，这些不断出现的问题和现象就这样一次又一次从我们身边悄悄地溜走了。

面对这些司空见惯的问题和现象，我们是否思考过——为什么会有这么高频率的重复？我们是否分析过——表象的深处究竟隐藏着什么？我们是否研究过——其中有什么教育规律可循？这需要有心人，而且需要有心人有良好的研究品质，比如来自台湾的李玉贵。李玉贵，台湾的一位小学语文老师，几十年的教学生涯让她养成了良好的研究习惯。有时候，她研究的不是宏大叙事，而是发生在课堂里那些容易从我们身边溜走的小问题和日常现象。

一次，她告诉我，小学课堂里老师提问以及学生回答问题后，老师总要应答，而应答常常是这么几句话：第一句，当学生回答支支吾吾时，老师的应答是"你想好了再说"；第二句，当学生回答重复了前面同学的内容时，老师的应答是"别人说过了"；第三句，当学生回答的声音小时，尤其是在公开课上，老师的应答是"你再大声点"；第四句，当学生回答以后，老师的应答往往重复学生回答的话。玉贵老师概括的这四句话，我们经常听到，怎么没注意呢？接着玉贵老师一句一句地进行了剖析。她如此真诚，如此平实，又如此深刻，鞭辟入里！感动之余，我也在思考。这些问题如能被正确对待，并加以研究，课堂会发生新的变化。现在让我们一起来讨论，分享李玉贵老师的研究心得。

"你想好了再说。"学生回答问题支支吾吾，说明还没想好，或者还没编织好回答的语言，但没想好就不能说吗？我以为答案是否定的。学生站起来回答，虽然支支吾吾，但说明他也想表达，不管他说得怎么样，能参与就好。支支吾吾，表明他在思考，处在从自己"脑仓库"里提取资料的状态，不管说得怎么样，能思考就好。支支吾吾，恰恰说明他是认真的、负责的，但他遇到了困难。此时，教师该怎么办呢？"想好了再说"的背后，是这样的信息：你坐下吧，听别人回答，你暂时还不行。这样的应答显然是不妥的。

"别人说过了。"回答时在重复别人的观点或内容，也无可非议。按理说，学生的回答不应当重复别人，而应当与别人的不同。然而，对于小学生而言，"别人说过了"，重复就不行吗？之所以重复，无非是有以下两种情况：他认为同学的意见很重要，他赞同；还没想到新的答案，又想发言。学生可能因为年龄小，还不是十分清楚，发言一定要说别人没说过的话。这些情况都是情有可原的。从重复别人的意见开始，逐渐发展到超越别人，这需要一个过程。这个过程中，如果教师以呵护、宽容的心态去对待，对于学生的发展是相当重要的。

"你再大声点。"学生回答问题声音应当响亮，这样有利于交流，这样的要求无疑是正确的。但是，如果我们转换一个角度想一想，回答问题到底是说给谁听的？只是说给老师、同学听吗？只是说给听课的老师听吗？说给自己听，行不行？我看没有什么不行。如果再进一步分析，声音不大，很可能这位学生的性格内向，也可能他不自信。此时，这位学生需要的是鼓励，而不是简单的一句"再大声点"。同时，教师应当要求全班同学静心倾听，尊重他、鼓励他。这是一个很好的教育契机。

教师重复前面学生的回答，可不可以？当然可以，那是教师认为这位学生的回答很重要，很精彩，重复是为了表示赞同、表示强调。但是，多次这样的重复好不好？当然不好，因为教师的任务不仅要肯定，而且要引领、帮助学生打开思路，解决学生困惑、暂时没表达清晰或不深刻的问题。教师的补充，会让学生心里一动、眼前一亮，受到启发，得到提升。老师总得有点"高明"之处，高水平的教才会有高水平的学。

课堂中，师生的应答肯定还不止这四句，还可以再观察、再研究。师生的应答，折射出的是教师的敏锐和智慧。智慧往往表现为对事物的敏感，迅速作出判断，以小见大，抓住教育契机。而司空见惯，见怪不怪，已足以说明反应的迟钝、意识的盲目，这样，智慧就会消退。教师的智慧是在一件件小事、一个个小问题的处理中，日积月累，逐渐生长起来的。教师的专业素养不只涉及学科专业知识，还涉及心理学、社会学、哲学诸多学科领域。教师可以对学生提出必要的要求，而不是一味地顺从学生，不过，心中还应当有个核心理念：以学生发展为本。这样，不管课堂里发生什么，总会让它生发出教育智慧。一个好教师要锻造自己的人格，提升教育的智慧，而坚定的信念、综合的知识、跨界的思维，定会让教师的智慧在课堂里带着孩子去飞翔。

教师，做一个精神灿烂的人

教师节自然想起教师的伟大。

教师伟大吗？用《教学勇气》书中的观点来看，伟大是指"求知者永远聚焦其周围的主体"。教师正是永远的求知者，他们在求知——教育的过程中，培育着自己丰富的精神，具有丰富精神的主体一定是伟大的。

一位年近40岁的骨干教师曾告诉我她自己的故事。她常在师父面前说自己很忙、很累。说了多次以后，师父严肃地对她说："以后不要再对我说你忙和累，说忙和累，无非两种原因，一是身体不好，一是能力不强。"此后，她再也不说了，因为她知道师父比她更忙、更累、更苦，但师父从来不叫一声苦和累，因为他是一个有精神的人，是一个精神丰富的人。她也想做一个精神丰富的人。

的确，当下的教师是很忙、很累的，但一个精神丰富的教师却透过忙和累看到了另外的东西，而且，忙和累往往很可能变成别的东西。这别的东西究竟是什么呢？

看看远去的先生们吧。杨绛先生说：我只是一滴清水，不是肥皂水。清水，微小，但并不渺小，它可以折射出阳光，照亮周围的世界；肥皂水，膨大，却会瞬间消逝，不复存在，五颜六色，却浮夸、浮华。杨绛很忙，但她总是从容地走到人生边上，又从容地坐在人生边上；她"和谁都不争，和谁争都不屑"。原来，她内心充盈，精神丰富，一切云淡风轻，而忙于争的人是累的、苦的，是精神干瘪的。

周小燕先生说自己是一个足球运动员，刚踢完了上半场，还要踢下半场，下半场还想再进两个球。说这话时，她已经90多岁了。这难道只是一种生活的情趣吗？当然是，又当然不只是，那是生活情趣里的精神光彩。踢上半场，再踢下半场，够累够苦的，其实她说的是人精神的旅程。

童庆炳先生常常感叹最后一课。他牢牢记住恩师黄药眠的最后一课："这最后一课，是他带着牺牲的精神，带着豁出命的精神，来给我们讲课的。"他也常常想象自己的最后一课："我正在讲课，讲得神采飞扬，讲得出神入化，而这时，我不行了，我像卡西尔、华罗庚一样倒在讲台旁或学生温暖的怀抱里。我不知道有没有这种福分。"这分明是一种神圣的"殉道"精神——在这节庆的日子里，谈论"殉道"并非不合时宜吧，因为节庆的日子更要培育精神。

先生们一个个远去了，给我们留下的是一个个背影，而一个个背影恰恰是精神的正面。他们何止是精神丰富，更是精神灿烂啊！精神丰富、精神灿烂，正是先生们给我们留下来的那个东西。

精神丰富和灿烂，从哲学的角度来说，阐释的是人生的意义。人是意义的存在。人生的意义不是别人赋予我们的，是我们自己创造的。因此，人既可以是人生意义的创造者，又可以是人生意义的破坏者。创造人生的意义，定会创造教育的意义，在创造学生当下和未来意义的同时，又培育了自己的人格，让自己的精神灿烂起来。从伦理学的角度来说，精神丰富和灿烂阐释的是教育的道德意义。教育是科学，要求真；教育是艺术，要求美；教育是事业，要求奉献和创造。这三句话的背后，还深蕴着另一个重要判断：教育首先是道德事业，教师首先是道德教师。道德之光，让教师精神丰富起来，灿烂起来。从心理学的角度来说，精神丰富和灿烂阐释了青春的新内涵：青春绝不只是人生道路上的一个年龄阶段，更为重要的是人的心理状态、精神状态。精神灿烂，让教师永远青春美好。当然，还可以阐释精神丰富和精神灿烂的美学精神。精神丰富，精神灿烂，总让我们有诸多美好的联想。

值得注意的是，教师的精神、思想、理想、情怀正面临着新问题和严峻挑战。我们处在消费时代，享受和娱乐是绕不开的问题。如果我们一味去追求物质享受，那必定淡化精神发育；如果我们追求娱乐化生存，必定淡漠思想的力量；如果我们对幸福的认知发生偏差，那必定淡忘价值的澄清和引领；如果我们的专业发展为"专业"所限，那必定忘却教育的尊严和境界的超越。而这一切，只是"如果"。但是，"如果"也有可能成为现实。让这些"如果"不再发生，不会发生，只有让我们的精神站立起来，让自己的精神灿烂起来。

教师，应当是个精神丰富的人，精神灿烂的人——我们在坚信的同时，更有一份乐观的期待。

一个美术老师关于数学的故事

有一个故事常常撞击我的心灵。

一个小学生在考试后，悄悄地跟在老师身后，又急切地走进办公室，为的是让老师为他的临摹画加上 5 分。他这么说："老师，你这次能不能开开恩，送我 5 分，下次还你，行不行？"老师问他理由，他说："你表扬过我的，说过我画画蛮好的。你表扬过两次。一次画素描头像，你说我暗部画得蛮透气，没有闷掉。还有一次画水彩，你说我天空染得蛮透明，没有弄脏。"回答中有着甜甜的回忆，蛮自信的。"可是这次你只能得 65 分呀，再说这是考试，老师应该公正，是不是？""可是我这次已向我爸爸说过我美术考得不错的，否则爸爸说我吹牛，又要打我的……"透着辛酸，蛮让人同情的。结果是老师让他再画一幅。半小时后，老师用朱笔在他的画上写了一个"70"，很醒目。出门时，这位学生向老师鞠躬，又轻轻问一句："老师你不会告诉其他同学的，对吗？"老师含笑。

故事还没完。多年以后，已年老的美术教师正在月台上等车，一旁座椅上一个男子向老师微笑着行注目礼，而后站起来说："您是不是教我们美术课的老师？"他又说："我就是那个向你讨分数的学生呀！"于是，20 多年前的那一幕，在他们的回忆中又演绎了一遍，而且细节更完整。当老师问他现在在公司里上班，向老板要求加薪吗，学生的回答是："公司人不多，我当家。"故事的结局是："老师，你还记不记得，那次在你办公室你对我说的一句话，你说：像你这么聪明，想得出讨分数的人，怎么可以数学不及格？"老师静静站立在那儿：我说过吗？记不清了。可是他却一直记着，并为此改变了自己……

　　这是一个美术老师关于数学的故事，蛮感人的，是吗？故事似曾相识，比如向老师借分数，比如老师向学生"送"分数，学生作出了"还"的承诺。这也是结局美好的故事，结局的主题是，一个小小的举动影响了学生一辈子，甚至改变了学生整个人生。这样的故事、这样的结局，如《青花瓷》的歌词是"晕"开的，似乎应了歌词中的另一句："而我在等你"。

　　似乎对这故事无需多解读，有时候，不解读反而留下更多想象的空间，正如法国 A. J. 格雷马斯在《论意义》一书中所说："谈论意义唯一合适的方式就是建构一种不表达任何意义的语言：只有这样我们才能拥有一段客观化距离，可以用不带意义的话语来谈论有意义的话语。"不过我还是忍不住要作一点解读，那就是：学生是一种不确定性，正是这种不确定性，给他们以最伟大之处——可能性。可能性让学生的未来充满各种可能，而我们的教师呢？如果仅仅把目光盯着他们的现实性，从中看到的只是不足、缺点、毛病，似乎无药可救，那么，那变幻不定、多姿多彩的未来就被抹煞掉了。如果真是这样，教育是失败的、可悲的，而教师则可能是愚蠢的，至少是不聪明的、有误的。令人欣喜的是，这位是美术教师，是美术教师教会了学生数学，用美术垫起了学生的数学，学习继而垫起了企业家的未来。从中，我们又领悟到什么呢？

接"地气"与接"天气"

　　但凡培训、研讨、评议，老师们提的最多的建议就是如何接"地气"。比如，曾在昆山参加一次培训，我和几位从山东枣庄来的老师同坐一辆车去宾馆，谈起这次培训，他们一致认为，最感兴趣的是听课。他们说，听了课，回去后可以照着上啊！最后的结论是：培训一定要接"地气"。

　　老师们的意见和建议是对的，是有道理的。如果培训空对空，在理念、原则上兜圈子，在理论上作过多解释，而不在实践操作中探讨，教师不知道如何去备课、设计，不知道怎么开发课程、怎么优化资源，连课都不会上，这样的培训、研讨的确实用性差，老师们当然不欢迎。这，我很理解。

　　这一说法的背后，可能还有问题的另一面，那就是，培训、研讨需要不需要讲理论、讲理念、讲原则？如果把那些实用性的方法、手段、技术、路径称作"地气"的话，能不能将理论、理念、原则等称作"天气"呢？我以为是可以的。我坚定地认为，老师们既需要接"地气"，同样需要接"天气"，不接"地气"，不能落地，不能落实，不会有实效；而不接"天气"，就不会有理想、有方向，教学不会有较高的立意。我们既反对只坐而论道，也反对只讲实用主义。事情的成功，既需要形而下的"器"，也需要形而上的"道"，当形而下与形而上相结合的时候，课程教学改革才会成功，教师发展才会走得更高更远。

　　于是，自然地想到教师发展。教师是专业工作者，促进教师发展十分重要的或者说主要的是促进教师的专业发展，让教师更专业，用专业去做专业。不过，我又以为，教师发展不只是专业发展，更为重要的是作为一个完整的人的发展。我以为作为完全人的发展应纳入到教师专业发展中去，因为教师发展应该有大专业。我又想，提出教师"专业发展"是中国教育的重要进步，而提"教师发展"可能会更合适，对教师发展更有引领性。

季羡林先生曾借用王国维的《人间词话》解释人发展的关键因素与崇高境界："昨夜西风凋碧树，独上高楼，望尽天涯路"，讲的是中华文化传统中慎独的修炼的精神、品质，以及理想与抱负；"衣带渐宽终不悔，为伊消得人憔悴"，讲的是为了人生的意义的追求、刻苦、勤奋、奉献，而这一切都会是乐意的、有价值的；"众里寻他千百度，蓦然回首，那人却在灯火阑珊处"，讲的是坚持不懈的探索、寻找、创造，最终成功。季羡林赞赏的是精神、品质，人生的意义、境界。王国维的目的亦在此，于是上卷第二十六节一开始就写道："古今之成大事业、大学问者，必经过三种之境界。"而在结尾时又写道："此等语皆非大词人不能道。"教师的大发展，成为"大教师"，要成大事业，要做大学问，境界是不能不讲的。我们大声疾呼"先生回来"，是呼唤为师之道回来，为师之德回来，先生之风，要山高水长。也许我们不能做"先生"，但完全应该做"小先生"，做好老师。这就是"天气"。

我们想起丘成桐，著名数学家。对他来说，支撑他人生与研究之路的，竟是那些底蕴深厚的文学作品。年少时，严厉的父亲要求丘成桐读书、练字、背诵古代诗词，甚至读一些近代文选。父亲还曾要求他博闻强记《红楼梦》中林黛玉的《葬花词》。后来，丘成桐总觉得《红楼梦》与自己有许多共鸣之处，一直认为，做大学问，必须有真感情，"学习、考试，拿博士论文，固然是成功，让周围的人认为你已经成功了。可这还不算大学问家！立志做大学问，比如歌德写《浮士德》，那是一个天才的苦病"，"40多年来，我研究学问，可以讲是屡败屡战。可我从未灰心"。[1]在丘成桐看来，数学与文学、哲学都有相关之处。"1973年在斯坦福大学参加一个国际会议时，我对某个广义相对论的重要问题发生兴趣……我锲而不舍地思考，终于在1978年和学生舍恩（Schoen）一同解决了这个重要问题。也许这是受到王国维评词的影响……"[2]《人间词话》哪里是词话呢？这完全是人间关于人生

① 姜浩峰.背诵《葬花词》的丘成桐［J］.新民周刊，2016（15）.
② 同上.

意义和境界的"话"。

当下教师发展中有个重要问题值得关注和思考：人生意义和境界的话题久违了。其实这关乎到人发展、教师发展的核心价值观问题。价值观的多元带来价值观的混乱，也会带来核心价值观的淡化，甚至造成价值观的迷乱。其中表现较为激烈的是，对金钱和幸福的真切认知，对青春与美丽的准确理解，对教书育人工作意义的深切体认，其中，道德判断标准的偏离以至丧失，是一个现实的问题。这对教师发展是个极为严峻的挑战。所谓形而上，就是指的核心价值观，是"天气"，是人发展的灵魂。

孟晓东先生是政府官员，又是个专家，是专家型的官员，他发出一个重要声音：教师发展，"相对于学历和职称，教师的境界更重要"。他写了两本书，一本是《用生长定义教育》，另一本是《从原点到远点》，其核心思想与这一声音是一致的。我很赞同。理论、理念、原则，人生意义、境界与人的生长，就是原点，也是远点，就是那"天气"。让我们把"地气"与"天气"结合起来吧，从原点奔向远点，做个好教师。

从哪开始学习，塔底还是塔尖？

美国哈佛大学教育学院院长在北京中学以"未来学校的建构"为主题的国际论坛上，讲到关于金字塔的问题，几乎颠覆了我们原有的观念和思路。

他是这么说的：如果知识是个金字塔，我们应该引导学生从哪里学起？从塔底，还是塔尖？他毫不犹豫地说：应从塔尖，而不是从塔底。从塔底学起固然有道理，但只有站到塔尖上去，才能瞭望四周，俯瞰大地。他的意思是，这样才能占领制高点。

这一观点当然可以商榷，可以质疑和批判。理由至少可以有以下几点：其一，塔底意味着基础。从打好基础开始，才能扎扎实实地向上走，才可能持续发展。这可称之为"塔底观"。其二，从塔尖开始，必定地基不牢，结果"地动山摇"，这是为无数事实所证明了的。这可称之为"塔尖观"。其三，"塔底观"与"塔尖观"的争论，涉及价值取向，基础教育应当有高价值立意，但必须从实际出发，过高的定位，势必导致浮躁和功利，破坏了生态，也违背了教育规律。还可以有其他的质疑。无疑，这些批判性的质疑是有道理的。

问题还可以有另一面，那就是，如果将"塔尖观"看作是有大视野、有高期待呢？同时，人类知识发展到今天，许多知识已是事实性知识了，不必再去亦步亦趋地从低到高地去教了，而直截了当地切入新知识、新走向，是否可以呢？知识观在改变，教育观、教学观也应随之而改变，教育生态也是可以重建的。事实正是，人类正是站在新知识的高点上，去发展去创造的。另一事实也不得不承认：学生已从互联网上，运用新的技术可以学到连教师都不知道的知识，教师认为是基础的，倒未必是基础，学生自己学习获得的新知识，很有可能正是"塔尖"上的知识。因此，所谓的"塔底""塔尖"也处在变化之中，"塔底观""塔尖观"也应改变。看来，从金字塔的塔尖学习开始不无道理。

院长还补充说了一句很重要的话：站在塔尖的人，要对塔下的人宽容，也应有期待。他说的很符合实际情况：有的人总是在塔底，那么，塔尖上的人，对他们应有更多的宽容、鼓励，给他们以"支架"，帮助他们慢慢走到塔尖上来。

看来，从金字塔尖学起的观点表达的是一种新的基础观、学习观和发展观。当新的观点降临的时候，不要着急地拒绝它。也许，它真的是有道理的；也许，它正预示着新的未来的提前到来。

所以，不要拘泥于是塔底还是塔尖。还是以开放的心态，改变自己的思维模式吧。

我见其大

    吴红明校长给大家讲了一个"涵养大气"的故事。她还这么定义"大气"：大气者，充盈宇宙，贯彻天地，萦绕四海，惠及众生之气也。这是她借用一位学者的解释。有时，我会不禁有些疑虑：一个小学校长能有这样的大气吗？后来，我释疑了。

    我是这么领会吴红明的意思的。第一，她的意思不在大气，而在"涵养"，即大气的形成是一个涵养的过程，是一种追求，人不能没有追求。第二，大气者，正气也。这是吴红明所强调的。正气也，正能量也，浩然之气也。校长、教师每天都在给自己，也给学生增加正能量，这是教育的使命。第三，大气，会形成学校的气质、气度和气象。气质、气度说到底是品质，而气象则是学校的文化景象以及由此而形成的文化氛围。由此，不难理解吴红明追求大气的动因。

    国学大师钱穆先生在无锡国专讲课时，告诉学子，做事做学问要从大处着眼，他将此称作"我见其大"。刚离世的红学大师冯其庸先生，当时还是无锡国专的学生，他听了以后，感到特别震撼。此后，"我见其大"就一直记在冯先生的心里。

    "我见其大"，绝不是自大，而是要从大处着眼，要有大视野、大格局，要有高品位、高格调，这样才能有大手笔、大文章。做事、做学问如此，做人亦如此，做校长更应如此。吴红明正是朝着"我见其大"这一方向去努力的。从她的讲述中，我们可以感受到吴红明的"我见其大"之所在。

    吴红明讲了一个小洁的故事。故事的结尾是这样的："不管怎样，我肯定忽略了她，这，就是我的错。"然后，她又说："从此，我的课堂上，虽然不可能让每一个举手的孩子都有发言的机会，但是，我一定会用眼睛告诉他们，我喜欢他们。正如孩子们对我的评价，'吴老师的眼睛会说话！'"在她的眼里，孩子为大，儿童为大。所谓"我见其大"，就是教育一定要从儿童着眼。"看大"儿童，就是"看大"教育，"看大"民族、未来和世界。可现实状况是，往往只看到儿童之小，而忽略其大，因而没有大气，也形成不了儿童教育的大气象。

儿童之大，究竟大在哪里？吴红明的主张是：为了儿童生命的舒展与从容。无须多说，生命肯定是"大"的。老子的"域中四大"：道大、天大、地大、人大。人之所以为大，是因为人接天又接地，而且汇于道。所谓道，我以为离不开人的生命，离不开生命发展之道。假若教育只有儿童的概念，而无生命蓬勃的儿童，不让儿童的生命舒展、活泼起来，儿童也不会"大"。"我见其大"，见儿童生命创造之大，这才是真正的儿童之大、真正的教育之道。吴红明的认知是深刻的，行动是自觉的，因而是大气的。

需要追问的是，儿童生命之大，需要什么样的教育？吴红明提出了"自然德育"。其实，德育要自然，整个教育都需要自然。自然教育是真实的教育，是基于情境的教育，是遵循儿童身心发展规律的教育。倘使我们看到了儿童，也看到了生命之所在，恰恰看不到生命之节律，触摸不到身心发展的脉动，教育则是无效的，甚至是错误的。"我见其大"，更是我见规律之大。吴红明有这样的觉悟。

有人说，要去远方，先得知道自己的狭隘；要登上高处，先得明白自己的卑微。"我见其大"，正是要克服自己的狭隘与卑微。于是，吴红明对自己的发展有了一个系统思考和整体建构：要让规划成为一种标杆，要让阅读成为一种习惯，要让实践成为一种渴求，要让反思成为一种提升。规划、阅读、实践、反思，成为吴红明发展的四个核心要素和节点，这印证了一个道理："求木之长者，必固其根本；欲流之远者，必浚其泉源。"唯此，才会"我见其大"。为此，吴红明继续努力着。

儿童站立在学校正中央

——成志路上，先生同行

一席谈吐，能够点醒误入藕花深处的教育者，让听过的老师明白，教师是派到儿童世界去的文化使者，教育的过程是充满道德的，智慧是有道德的。

一席谈吐，能够点亮着急赶路的名师的前行方向，让听过的名师知晓，失去童心，便失去真心，失去真心，便失去真人，做一个精神灿烂的人，给每个儿童提供合适的教育，是名师应有的追求。

一席谈吐，能够点燃谋求发展的学校的办学激情，让听过的学校豁然开朗，诸如核心素养的中国表达，课程改革就像在森林中行走，无缝管理——无缝便无创新……

这些话语的创生者便是成尚荣先生。

在任何一个会场，你的目光必定会被这位鹤发童颜却玉树临风，风度翩翩又谈吐优雅的老学者吸引。聆听他的发言、征询他的意见、和他探讨教育的问题时，这位长者博闻强识、旁征博引，对于教育的理解深度、对课堂本质的精辟隐喻、对学科建设的真知灼见，无不让你肃然起敬、心悦诚服。

但对于我和我带领的清华附小而言，这样的评价还不足以表达对先生的感情。先生于清华附小，不仅亲历其发展历程、见证了其成长，更是在很多关键事件中，发挥了不可替代的作用。他是热忱的挚友，是扶持的导师，更是建言的亲人。在我个人及清华附小十几年的发展中，附小人把所有的感情浓缩在"成老师"这个最普通的称谓上。如今，回想起那些美好的日子，总有一股暖意涌上心头。

一、与我与学校的成长：春风拂面般的翼蔽

我和成老师于 2006 年第一次见面，2014 年教育部出版"教育家成长丛书"，在我的《窦桂梅与主题教学》中，成老师洋洋洒洒为主题教学作了点评。以文会"师"，神交已久。现在想来，还得感谢全国著名语文特级教师周益民的引荐。2006 年初，"亲近母语"的负责人徐冬梅女士作为我的挚友，为了我的专业发展，邀请了陈家琪、张康桥、周益民等一众好友，在扬州为我举办"语文主题教学"研讨会。会场中，高大英俊的成老师一下吸引了我们团队几个人的目光。会上，几位专家拍砖，"砸"得我们晕头转向。快"挺不住时"，成老师"优点不漏，缺点说透，方法给够"，运用教育学及心理学，就我们当时还仅仅是雏形的主题教学，一口气帮助我梳理了几个思考的命题："主题教学的理论依据是什么？主题教学的研究价值是什么？主题教学如何在温度、广度与深度之间追求适度……"回来的火车上，我和几个老师彻夜未眠，感谢专家们的不吝指教，讨论怎样遵照成老师的路径继续深入思考。

从那以后，我开始自觉地用一节节课例体现主题教学的基本特征与内涵方法，深入反思主题教学的理论，把实践体系建构起来，并不时找机会和成老师交流。就这样，成老师多次在江苏或省外的一些研讨会上，推介我和我的团队，邀请我们到江苏等地上课，他还亲自对我上的《晏子使楚》《孙悟空三打白骨精》《皇帝的新装》《大脚丫跳芭蕾》等进行评课。成老师经常利用到北京开会的时间，走进我们的常态课堂，一听就是三四节课！他高屋建

瓴，从哲学的角度，指导我们跳出语文看语文，真是醍醐灌顶。尤其是，我的课堂，儿童立场越来越鲜明，我努力退到后面，把学生推到前面的改变，先生看到了！他为此很欣慰，也极尽赞赏……虽然一南一北，相隔甚远，但成老师对我和我的团队的关注与关爱，时常通过各种各样的途径传到我的耳边。

2010年下半年，我任清华附小校长之后，与团队一道着手进行学校的"1+X课程"改革。成老师在关注主题教学之余，又多了一份对清华附小学校发展的指导。2013年8月，学校的课程整合进入深水区，我认为，清华附小课程整合的根本因素是教师，教师应该是专才和通才的结合体。于是，我邀请成老师来为学校老师上开学第一课，进行一场课程的深度培训。成老师的报告《在文化的进步中提升课程教学的品质》围绕文化的进步让我们迈向自由境界、解释学视野下的文化理解、课程文化的进步与教师的课程行动、教师的文化追求与名师成长四个方面展开，与我校老师进行了深入的交流。三个多小时的报告一气呵成，成老师没喝一口水，手里没有拿任何稿子，70多岁的人，才思敏捷，妙语连珠，思想深刻，名家大师的观点名言信手拈来。整个会场里除了成老师娓娓道来的讲话声，就是老师们刷刷刷做笔记的声音，大家不敢有丝毫懈怠，仿佛漏掉一个字都是巨大的损失。此次培训，坚定了学校课程整合的方向。学校核心团队深刻反思，大格局与高格调的发展需要宽厚的文化视野、丰厚的理论与实践格调作支撑。在之后的实践中，我们就又多了一份理性思考和实践深度。

应该说，清华附小"1+X课程"改革的六年里，每一步的跨越，都离不开成老师的点拨与提醒，定义"1"与"X"，探讨两者之间的结构分布等等，其中都有成老师的诊断与提点。

2011年，国家语文课程标准提出"语文素养"，我和语文团队由此想到既然学科提出核心素养，那么，更应该从高处思索人的发展的核心素养。没想到，和成老师交流这个想法时，成老师早已想在我们前面了！他与我们交流何谓素质、何谓素养；研究儿童的核心素养，到底是从学科出发，促进人的全面发展，还是先从人的整体出发，再让学科与相关活动落实……原来，一系列学校育人过程中关键的、重大的问题都可以由核心素养牵一发而动全身。

于是，我们听取了成老师等专家的建议，从眼前活生生的儿童出发，研究未来儿童需要的必备品格和关键能力究竟是什么，清华附小学生的核心素养与国家"立德树人"培养的人有哪些契合……整整八个月的时间，我们结合教育部委托北师大课题组的研究成果《中国学生发展核心素养》，主动参与，跟进学习，请教相关专家，逐步探索出了清华附小的核心素养校本表达，即"身心健康，善于学习，学会改变，审美雅趣，天下情怀"。这里，关键词用"善于"还是"勤于"，与学校"立人为本，成志于学"的校训关联，哪个语词更准确，为什么直接把"学会改变"这个联合国教科文组织提出的概念直接放入学校的学生核心素养里，等等，都凝结了成老师的智慧！

2015 年，清华附小核心素养下的"1+X课程"改革成果在《人民教育》上以 60 页的整本篇幅专刊发表，这是《人民教育》第一次给一所小学以专刊的形式介绍经验。当《中国学生发展核心素养》发布后，作为唯一一所小学校本表达与实施的典型经验，清华附小的经验介绍又发表在《中国教育报》上。从此，清华附小的课程改革，因其最早提出指向人的核心素养培养，并在课程与课堂创新中取得突破性进展，从而成为全国的引领与示范。

2015 年 10 月，是清华附小百年华诞。基于百年办学经验，清华附小究竟"育什么人""怎么育人"这两个命题一直萦绕在我的心中。面对过去，如何承前启后，如何审视前瞻，如何卓越攀行？我们如何把前期研究实践的课程、核心素养，通过哲学命题加以提炼，成为照耀新百年的办学使命？我带领团队一直苦苦思索了好长时间。这期间，成老师来过两次，跟我们一起探索。也许是成老师，以及专家们、老师们反复讨论带给我的灵感。附小百年前初建时的原名是"成志学校"，这四个字一直刻在清华园里的附小旧址老房子的墙上。一天夜里，睡梦中，"成志"映入我的脑海。百年立人，百年成志，这不就是从成志学校走向成志教育吗？曾经我想过成志责任教育，那么成志教育不就是责任教育吗？人无志则不立，我们的学生的成长与发展都需要这个志！当我提出"成志教育"这个概念后，专家们很肯定，并帮助我们为成志教育的"志"赋予了三个方面的内涵，即理想和抱负、意志和品质、实践与行动。而"成"，就是教育的过程，就是"承志，立志，弘志"的过程。成老师听到这个消息，欣喜地和我们交流："成志教育，提得好，这是今天国家立德树人精神的具体化，是主题教学的进一步发展，标志着学校的一切教育找到了立人思想的魂。"为此，我在百年大会上，带着几万校友的期待和领导们、专家们的嘱托，提出了"成志教育，照耀一生"的办学思想，进而确定清华附小的成志教育的使命是"为聪慧与高尚的人生奠基"。这句话成为了引领儿童一生成长的指南针，永远指引并照耀儿童一生。

当在清华附小百年大会纪念材料里读到《新京报》专版中，成老师对成志教育的哲学辩证论述，当在百年纪念播放的纪录片里，看到成老师的祝福时，作为校长的我，真是百感交集，"感谢"二字，与成老师对我们的关注和付出相比，实在显得太苍白了！

二、语文主题教学向何处去：点亮高处的灯盏

2010 年 9 月，我开始了博士研究生的学习。坚守在课堂上，实践胜于理论的我，决心利用这个机会，把多年来自己关于"小学语文主题教学"的实践经验进行一个梳理和总结。

2013 年，北京海淀区教委召开了我的教育教学实践研讨会。我要上课，还要出一本书《超越·主题·整合》。利用这个契机，我将之前的一些想法告诉成老师，先生以《超越：心中的地平线》为题为我的书作序，并对我的想法给予了肯定："窦桂梅老师就是这样的人，她心中就有一条地平线。心中的地平线，一直在她心中闪耀，地平线成为她的人生追求和文化符号。超越如同一根线，贯穿在窦桂梅老师语文教学改革的始终，亦如灵魂，始终在语文教学改革、课程改革、学校教育改革中存活，导引着她，也导引着老师们和整个学校的发展。说这是'伟大的事物'恰如其分。帕克·帕尔默所言'伟大的事物'正是改革的主体本身，而非其他，说到底，改革者、超越者

是伟大的。"

改革向来是艰难的，从没路的地方开辟出来，从荆棘的地方践踏出来，有时也会感觉前途很远，也很暗。然而我和我的学校不害怕，愈知难却愈要向前，与先生的鼓励密不可分。

2014年初，利用春节拜年的契机，我将研讨会上听取了专家们建议之后的修改汇报给成老师，再次征求成老师的意见。电话那一侧，成老师关切地说："你能将自己的教育教学实践加以总结，这是好事，对于中国基础教育具有启发意义，同时你一定要多向专家们请教，把它当作一个提升你认识水平的绝好的机会。"简单的话语里，寄托着先生对我的厚望、对中国基础教育的大情怀。在对既往的研究进行了梳理之后，我将自己的想法做法形成了文字，但看着自己的文字多是语文老师典型的感性表达，似乎在学术水准上有待提升。

2014年春节刚过，趁着成老师到北京出差，处于迷惑中的我赶紧约成老师到附小。成老师下了飞机，就直奔附小，到达时已经八点多，他平常总是神采奕奕的脸上也显出了疲惫。但他顾不上吃饭，拿起我们写的主题教学概念界定认真读了起来，读着读着就信手拈来地提升起来："主题教学的核心概念，是研究的关键问题。这个问题回答清楚了，你的研究理路也就清楚了。你对自己的总结和梳理还不够。主题教学是什么？你研究了这么多年，只是形成了一个语文教学系统？"成老师略停顿了一下，接着说："我认为，小学语文主题教学，不仅解决的是语文操作层面的问题，而且已经形成了一种理论主张和实践体系，是小学语文教育重要的流派之一……"

有成老师的鼓励帮助，有我的导师柳海民教授的把关修订，以及专家学者朋友们的共同凝练，最终我们将主题教学的核心概念确认为：

> 小学语文主题教学是以"语文立人"为核心思想，针对小学语文教学的现实困境，根据教学内容和儿童身心发展特点，从文化的高度、培养完整人的哲学角度，坚持以儿童的生命价值为取向，在综合思维指引下，整合多种资源，挖掘教学内容的原生价值，生发教学价值。在语言

文字的理解与运用中，引导儿童形成主题意义群，促进儿童语言发展、思维发展、精神丰富，整体提升语文素养与培育价值观，进而逐步形成促进儿童核心素养发展的理论主张与实践模式。

我和我的主题教学研究团队，一致认为成老师的这次指导是我们研究中带有转折性意义的关键事件，他帮助我们明确了主题教学自身的价值与意义，帮我厘清了将自己的行动研究上升为具有推广意义的实践成果的思路与方法。成老师精深的学术水平让我们叹为观止。

2014 年 9 月，"小学语文主题教学实践研究"荣获首届基础教育国家级教学成果一等奖。于是雪片似的赞美纷至沓来，全国各地邀请我们前往介绍成果、传经送课的不胜枚举。2015 年 5 月，教育部为"小学语文主题教学实践研究"召开推广会。在应大会之邀制作的专题片《行走的玫瑰》中，成老师如是说："其实窦校长她有一个名字叫玫瑰，所以玫瑰这个花的名字，用在窦老师身上，好像另外有种特殊的意义。"我深知，这又是先生在期望，期望我"对待孩子的尊严，要像对待玫瑰花上的露珠一样"。主题教学的研究，更要深入到研究学生上去，要从尊重学生做起，把学生看作一个人！

主题教学不断纵深发展，有了国家级的课题，北京市重点研究课题。研究团队将研究的成果写成文章《小学主题教学的新发展》，我给成老师打电话汇报，把文章发给成老师把关，但成老师的反馈意见却出乎意料。

窦老师，从文章里能够读出来，你的团队围绕主题教学，做了很多努力，也取得了很多成绩，这都很好。但是对于"新发展"三个字，我认为要慎提，新是和旧对应的，新是对旧的否定，新的产生意味着旧的消亡。但对于主题教学而言，你们原有的研究是不能否定的，否则不仅仅否定的是你们多年来的努力，还是对于国家级教学成果奖的否定。如果你们有了很好的创新性的举措，可以提出是主题教学的纵深发展，纵深表示你们是在原来的基础上不断深化，别小看只是一个名称，名不正则言不顺。

还有，从文章里看得出你在努力地带动团队，让自己的研究能够开花散叶。教师进行教学改革，总是力求提出一个思想、建构一个体系、形成一种模式。但是，作为一所学校而言，你们要有统一的文化，围绕你们共同的价值认同来开展工作。团队里的老师可以形成自己的风格，但是不要人人都追求创新、都要提出一个自己的思想，不要轻易另辟蹊径抛掉前面以及团队做另一种所谓的什么教学，什么教育。百年的清华附小要把历史当作最深沉的教育，要凝聚的是核能力量，用主题教学引导你们的整体办学，共同为你们的教育理想奋斗。

　　清华附小近年来自身发展很快，响应国家号召，优质资源辐射，六七年间发展了三所合作办学的学校。由于我自己是多肩挑，一方面是党总支书记，一方面是校长，一方面还要承担作为特级教师引领的学科使命——而且，在清华，只允许一流，各方面工作都在追求卓越，因此，尽管我每天工作十四五个小时，几乎没有周末和节假日，但仍旧感觉时间不够用，有时难免陷于繁杂事务当中。多希望，有一位这样的智者，冷静清醒地帮我们的发展把脉纠偏，而成老师总是在我们最需要的时候鼎力相助。此后，我带领清华附小沉下心来、静水深流，进一步推进学校基于核心素养的"1+X课程"不断走向深化。成老师陆续为附小写下了《素养之光·跨界之美·主题之智》《主题教学：一种理论主张与实践模式》等系列文章，并且通过各种途径、在各种场合赞美附小的课程改革，给了我们无尽的动力和信心。

　　于是，我与团队一起构想了主题教学纵深发展的蓝图——根植于母语教育对中国传统文化价值观的关照，生发于主题教学语文立人对完整人培养的达成，并要从主题教学出发走向主题教育，形成了学校以成志为教育主题，并引领全校整体育人的重要思想。

　　我是教语文的，我是教人学语文的，我是用语文教人的。这句话，成为我和我们团队语文主题教学永远不变的信念。

三、为新百年成志教育鼓与呼：寄予无限的期望

教育的真谛，就是激励与唤醒。成老师不但对儿童如此，对教师的成长、学校的发展，也都用赏识激励大家向着梦想前行。

学校的课程整合后形成了几个经典课程样态，即马约翰体育健康课程、全阅读主题课程、个性种子课程、振宁童创课程、丁香戏剧课程。这几个课程的名字，也都凝结着成老师的智慧！

在课程整合的践行中，一大批优秀教师脱颖而出，清华附小为这些教师搭建成长的平台，每年推出数位影响力和发展力教师。百年校庆结束之后，成老师又主动找到我们，恳切地叮嘱我们："清华附小的改革要有更大的魄力和更长远的眼光。要站在清华附小，看当今中国的基础教育。更要努力让人们站在中国的基础教育，看清华附小；进一步站在世界的基础教育，看清华附小。"成老师的话语振聋发聩，其中既有期望，又有嘱托。想着先生平和而又刚毅的面容，心中的敬意再次油然而生。

学校运用立人思想、整合策略，撬动了学校课程的整体改革，"1+X课程"打破了以往学科过于单一、过深、过窄的局面，实施"学科内渗透式整合""学科间融合式整合""超学科的消弭式整合"。但在整合的过程中，该怎样权衡学科育人的力量？为此，成老师又嘱咐我们，创造力就是童心不泯。"读懂儿童，儿童站在学校正中央"，清华附小这些坚定的教育理念，有先生立言陪伴。

带着成老师的提点，语文主题教学开始研究并实践实现整体立人、全面立人的语文主题教学的课程群。主题教学四大实践样态"单篇、群文、整本书、实践活动"整合到课程群中，发挥出了协同育人的合力。在纪念鲁迅去世80周年、诞辰135周年之际，我们向经典致敬、向鲁迅致敬的同时，不忘向儿童致敬，主题为"我们的童年与鲁迅的童年相遇"，形成三种路径的整合课程群："学科内渗透式整合"，有单篇经典的《阿长与〈山海经〉》《少年闰土》和主题群文阅读的"鲁迅笔下的儿童""别人笔下的鲁迅"；"学科间融合式整合"，阅读鲁迅的《朝花夕拾》和绘本《风筝》，以及美术与语文

的整合，美术老师带领学生画鲁迅的"百草园"；"超学科的消弭式整合"，就是主题实践活动设计"儿童的鲁迅博物馆"，演戏剧《少年闰土》和《早》等等。我深知，离开课堂我就不是真正的特级教师，对不起成老师等这样一些厚爱我、鞭策我的良师益友。于是，我也走上讲台，教学了其中单篇经典的《阿长与〈山海经〉》。

2017年春节前夕，成老师再次来到清华附小。他说：你们已经进行了六年多的课程系列改革措施与实践，如果说你们以前提出"儿童站在学校正中央"，现在，你们有理由说，不仅仅是"站"，而且是"站立"！啊，点睛之词！在2017年《清华附小办学行动纲领》中，我们立马修订这句话为"儿童站立在学校正中央"！一个"立"字，是时时刻刻提醒自己，儿童不仅站在，而且必须完整健全地"站立"在教师心中！真正把儿童的成长当作我们教师的最高荣誉！那么，如何站立？"1+X课程"改革要进一步优化再优化，先生与柳夕浪老师等就这个"1"，又一次给了我们提醒——从整体上是一个基础，我们不能超越基础教育规定的动作，还是以基础打底。基础占60%～70%，X占30%～40%，寻找到这样一个黄金分割点。

春节过后，成老师又来了！先生和专家们一道，又给清华附小未来发展诊脉来了。围绕附小成志教育十三五期间，以及近期的发展，成老师在众多专家和老师们面前，开始了他独特的建言：

作为一所小学，清华附小做了这么多有深度的研究和实践，成果如此丰厚，而且还不是一个句号，它永远是处在逗号和省略号状态之中，这是一种追求，这是一个过程。我有几点想法，或者说几个关键词：第一，清华附小的高地；第二，清华附小的逻辑；第三，清华附小的教育芯片；第四，清华附小的成果。

清晰地记得，他寄语的附小高地站在世界教育的版图上，挺立中国文化自信、教育自信的脊梁，铿锵有力：

我称附小高地，是说清华附小是小学，应该紧紧扣住小学规律和特点来展开深度的研究。这个规律既有教育规律，还应该有儿童身心的发展规律，其中也应该包括小学生的学习规律。这块高地，它至少有两个特点：

一是它能够形成具有中国品格和中国风格的小学教育。从这个角度上说它指向中华民族的文化特色，而中华民族的特色又具体体现在对清华文化传统的继承落实在小学教育上。现在中国的教育，中国的基础教育，特别需要有中国品格和中国风格。

二是它至少能够站在一个很高的平台上和世界教育，尤其是和世界基础教育、小学教育进行深度对话。清华附小应该有这么大的追求，应该有更高的追求。因此，清华附小应该成为中国小学教育的一块高地。

是的，清华附小要在四个方面继续突破：一是中国学生发展核心素养的落地真正得到突破；二是减轻学生过重的作业负担，真正让学生得到突破；三是学生的课堂教学改革有根本性的突破；四是我们学校的创新体制有进一步的突破。成老师继续说道：

梁启超先生的《少年中国说》和清华是紧密联系在一起的。成志高地，将成为我们新时代又一个《少年中国说》。我们当下的学生们还缺少那种伟大的志向、伟大的抱负，正好我们清华附小提出"天下情怀"，这个"天下情怀"对我们中国小学生的发展起着极大的引领和召唤作用。

那么清华附小就会成为中国小学教育改革的一块高地，甚至这个高地可以耸立起一座高峰来，这个高地高峰是体现中华民族文化特色的，是能够跟世界进行深度对话的。清华附小要向世界发出中国基础教育的声音！

……

回想这样一位享誉全国的著名专家，每次来清华附小时，却一切从简，常常把几个活动整合在一起，为我们节省开支，偶尔需要我们帮助订票，也常常嘱咐我们"不要麻烦，不要多花钱，能到就行"。离开附小时，时间来得及，就在学校食堂吃口便饭；来不及，就把饭打包在车上吃。面对如此简单而又不简单的成老师，我们内心有太多歉意，但沉淀于心之后油然而生的又是一份敬意，更化作成老师与附小之间的一份情意。每每脑海中总浮现他的一句话："智慧是有道德的！"

回想起这位可敬的长者，我心想，清华附小何等有福气，遇到了成老师！他所带给我们的不仅仅是智慧、学问、鼓励——成老师自身就是我们学习的教材。他总是尽全力做一些有意义的事，为更多学校的发展，为中国的基础教育鼓而呼，这是何等情怀。

来自山乡的我，少小离家、半生漂泊，作为家中的老大，对于父母弟妹都要尽心照顾；作为一校之长，学校里的大事小情之繁琐之压力，我亦总是不能释然，自身存在心里不平衡，甚至委屈。很多时候常感身心俱疲。但我今日能有一点点成就，除了性格要强，富有激情与理想之外，更多的是"成老师们"感召我，度化我，帮助我，成就我的结果！

一个人的成长要感谢他人生中的重要他人，一所学校的发展也离不开一批如"成老师们"的重要他人！"成老师们"这样的长者、专家、领导，帮助的也不是我一个人，他们以自己的品格和智慧不遗余力地帮助清华附小不断前进，而这不也是在为中国基础教育的发展潜心耕耘，播撒教育恩德吗？

笔短情长，谨以此文，代表清华附小全体师生献给德高望重、真诚无私的成尚荣老师。

清华大学附属小学　窦桂梅

致谢

早上五点多就起床了，准备写文丛的致谢。每次写东西前，总喜欢先读点什么东西。今天读的是《光明日报》的"光明学人"，写的是钱谷融先生。

钱谷融先生是我国著名文学批判家、文艺理论家、教育家。那篇写他的文章，题目是：《钱谷融："认识你自己"》。文章写出了钱先生性格的散淡和自持，我特别喜欢。文章写到在 2016 年全国第九次作代会上，谈及当下的某些评论，钱先生笑眯眯地吟出杜甫的《绝句》："两个黄鹂鸣翠柳，一行白鹭上青天。"看提问者似懂非懂，他便说："黄鹂鸣翠柳，不知所云；白鹭上青天，离地万里。"提问者恍然大悟，开心大笑。

自然，我也笑了。我笑什么呢？笑钱先生的幽默、智慧、随手拈来，却早就沉思于心。我还联想到自己，所谓的文丛要出版了，要和大家见面了，是不是也像钱先生所批评的那样，看似好美却不知所云，看似高远却离地万里呢？我心里十分清楚：有，肯定有。继而又想，没关系，让大家评判和批评吧，也让自己有点反思和改进吧，鸣翠柳、上青天还算是一种追求吧。

回想起来，我确实有点追求"黄鹂鸣翠柳、白鹭上青天"的意思，喜欢随意、自在，没有严格的计划，也不喜欢过于严谨。我坚定地以为，这并没有什么不好，文字应当是从自己心里自然流淌出来的，有点随意，说不定会有点诗意，也说不定会逐步形成一种风格。我也清楚，我写的那些东西，没有离地万里、不知所云，还是来自实践、来自现场、来自思考的。不过，我又深悟，大家大师的"随意"，其实有深厚的积淀，有缜密的思考，看似随意，却一点都不随便，用"厚积薄发"来描述是恰当不过的。而我不是大家，不是大师。所以应当不断地去修炼，不断地去积淀，不断地去淬化，对自己有更严格的要求。

我也有点散淡。总希望写点单篇的文章，尽管也有写成一定体系的论著的想法，但总是被写单篇文章的冲动而冲淡；而且单篇文章发表以后，再也不想再看一遍，就让它安静地躺在那儿，然后我会涌起写另一单篇的欲望。所以，要整理成书的愿望一点都不强烈，在家人和朋友的催促下，我不好意思"硬回绝"，只是说："是的，我一定要出书。"其实是勉强的、敷衍的。说到底，还是自己的散淡所致——看来，我这个人成不了什么大事。

好在有朋友们真诚的提醒、催促、帮助。非常感谢李吉林老师。曾和李老师同事了23年，她是我学习的楷模，我的思考和研究，在很大程度上是在她的影响和提醒下进行的。清楚地记得，我从省教育厅到省教科所工作，李老师鼓励我。她又不断地督促我，要写文章，要表达自己的思想。非常感谢孙孔懿先生。孙孔懿是学问家，他著作丰厚，是我学习的榜样。他总是温和地问起我出书的事，轻轻的，悄悄的，我在感动之余，有一点不好意思。非常感谢叶水涛先生，水涛才华横溢，读书万卷，常与我交谈，其实是听他"谈书"、谈见解，又常以表扬的方式"诱发"我写书。非常感谢沈志冲先生。沈志冲是高我一届的同学，他的真诚和催促，成了我写作、整理文丛的动力。非常感谢周益民老师。周益民是我的忘年交，是知己。他一次又一次地提议并督促。他还说：我和我们学校的老师可以帮助你整理材料。不出书，真是对不住他。非常感谢校长和老师们，他们对我的肯定、赞扬和期盼，都是对我的鼓励。在徐州的一次读书会的沙龙上，贾汪区一所学校的杜明辉老师大声对我说：成老师，我们希望看到您的书，否则是极大的浪费。杜老师的话让我感慨万千，他的表情一直在我脑海里浮现，他的话语一直在我耳边回响。非常感谢华东师范大学出版社大夏书系的李永梅社长、林茶居先生、杨坤主任及各位朋友、编辑，真心实意地与我讨论，有一次他们还赶到苏州，在苏州会议结束后，又与我恳切交谈，让他们等了好长时间。他们的真诚，我一直铭记在心。当然，我也非常感谢我儿子成则，他常常用不同的方法来"刺激"我，督促我，他认为这应是我给他留下的最宝贵的财富。

在整理文稿的过程中，翟毅斌默默地、十分认真负责地为我做了大量的工作：文字输入、提供参考文献、收发电子文稿、与有关老师联系，事情繁多，工作很杂。他说，我既是他的老师又是朋友，他既是我的学生又是秘书，而且是亲人。我谢谢他——毅斌。

在与窦桂梅老师谈及文丛的时候，在鼓励之后，她又有一个建议：在书后附一些校长和老师的故事。这是一个极好的创意，我非常赞赏。窦校长亲自写了一万多字的文章，有一天她竟然写到深夜，王玲湘、胡兰也写了初稿。我很感谢她们，感谢清华附小。接着我和有关学校联系、沟通，他们都给予真诚的支持和帮助：孙双金、薛法根、祝禧、王笑梅、李伟平、周卫东、曹海永、冷玉斌、陆红兵等名师、好友给我极大的支持和真挚的帮助；南京市琅琊路小学、力学小学、拉萨路小学、南京师大附小等都写来带着温度的文字；名校长、特级教师沈茂德也写了《高度的力量》——其实，他才拥有高度的力量。

出书的想法时隐时现，一直拖着。去年春节期间，我生发了一个想法：请几位朋友分别给我整理书稿，大夏书系李永梅社长说，请他们担任特约编辑。于是，我请了江苏教育出版社的周红，南京市琅琊路小学的冯毅、周益民，江苏教育报刊社的蒋保华，南京市教研室的杨健，南师大附小的贲友林，还有翟毅斌，具体负责丛书各分册的编辑整理工作。他们花了大量的时间和精力，在九月底前认真地编成。这是一项创造性的工作，他们给我以具体的帮助，谢谢他们。

书稿交出去以后，我稍稍叹了一口气。是高兴呢，还是释然呢？是想画上句号呢，还是想画上省略号呢？……不知道。我仍然处在随意、散淡的状态。这种状态不全是不好，也不全是好，是好，还是不好，也说不上。"两个黄鹂鸣翠柳，一行白鹭上青天"，是我所向往的状态和心绪，也是我所自然追求的情境与境界。但愿，这一丛书不是"不知所云"，也不是"离地万里"，而是为自己，为教育，为课程，为大家鸣唱一首曲子，曲子的名字就叫《致谢》。

2017 年 2 月 15 日

图书在版编目（CIP）数据

核心素养的中国表达 / 成尚荣著 .—上海：华东师范大学出版社，2017
ISBN 978–7–5675–6677–4

Ⅰ. ①核 ... Ⅱ. ①成 ... Ⅲ. ①中小学—素质教育 Ⅳ. ① G632.0

中国版本图书馆 CIP 数据核字（2017）第 175730 号

大夏书系·成尚荣教育文丛

核心素养的中国表达

著　　者	成尚荣
策划编辑	李永梅　林茶居
审读编辑	张思扬
封面设计	奇文云海·设计顾问

出版发行	华东师范大学出版社
社　　址	上海市中山北路 3663 号　邮编　200062
网　　址	www.ecnupress.com.cn
电　　话	021 - 60821666　行政传真　021 - 62572105
客服电话	021 - 62865537
邮购电话	021 - 62869887　地址　上海市中山北路 3663 号华东师范大学校内先锋路口
网　　店	http://hdsdcbs.tmall.com

印 刷 者	北京季蜂印刷有限公司
开　　本	700×1000　16 开
插　　页	1
印　　张	15
字　　数	237 千字
版　　次	2018 年 1 月第一版
印　　次	2018 年 7 月第四次
印　　数	15 101-18 100
书　　号	ISBN 978–7–5675–6677–4/G·10496
定　　价	49.80 元

出 版 人	王 焰

（如发现本版图书有印订质量问题，请寄回本社市场部调换或电话 021-62865537 联系）